COLLECTION RÉTROSPECTIVES

En vallées closes de Pierre Trottier
est le vingt-cinquième titre de cette collection.

PIERRE TROTTIER

En vallées closes

poèmes 1951-1986

l'HEXAGONE

Éditions de l'HEXAGONE
900, rue Ontario est
Montréal, Québec H2L 1P4
Téléphone : (514) 525-2811

Maquette de couverture : Claude Lafrance
Photo de l'auteur : Bedford Studio

Photocomposition : Deval-Studiolitho Inc.

Distribution : Diffusion Dimédia Inc.
539, boulevard Lebeau
Ville Saint-Laurent, Québec H4N 1S2
Téléphone : (514) 336-3941 ; télex : 05-827543

Distique
17, rue Hoche, 92240 Malakoff, France
Téléphone : 46.55.42.14

Dépot légal : deuxième trimestre 1989
Bibliothèque nationale du Québec
Bibliothèque nationale du Canada

LE COMBAT CONTRE TRISTAN

1951

Pour S.M.

LA ROUTE / LE CORTÈGE

LA ROUTE

Une perle est cachée dans le rayon de soleil où je plonge
Aventure mon seul soutien ouvre l'huître du jour
Aventure sans toi les merles cachés dans les cailloux
      n'auraient pas sifflé sous mes roues
La route est fertile et dans la poussière
J'ai planté des coups de pédales
À la nuit j'ai suscité des crapauds d'angoisse que j'ai perdus
      dans des frissons de vitesse
Pas d'équilibre entre moi et l'horizon
Je me suis donné tout entier pour ouvrir les lèvres de tous les
      virages
Laissant derrière moi les abois impuissants des chiens de
      poussière

LE MONDE NE SAURA JAMAIS ME FAIRE UNE PATRIE

Route aux fleurs de milles
Une à une épanouies
Sur la tige d'une fuite
Je t'ai suivie le long d'un lierre
Aux feuilles de poussière
Bien au-delà des murs de collines
Où ce lierre croissait

Ô route
Tu m'as parlé d'une ivresse
À lancer des océans de tours de roue
À l'assaut de tes murs
À l'assaut de tes côtes

Ô route
Tu m'as juré sur la bible d'un pavé
De forcer les serrures du jour et de la nuit
Avec les clefs de mes pédales
Tu m'as juré sur la bible d'un pavé
À coups redoublés de battements de cœur
De m'ouvrir les poitrines
De toutes ces villes qui m'emprisonnent

Ô route
Tu m'as parlé d'une ivresse et d'une force
À faire tourner le monde sous mes roues
Le monde qui ne saura jamais me faire une patrie

MORT DE LA ROUTE

Ma route vient de s'éteindre au cœur
D'une constellation d'étoiles muettes
Que je n'interroge plus
Sur la carte du jour tombé
Car je suis dans la ville
Où les bergers n'ont plus rien à garder
Que des mouvements d'horloge
Et des troupeaux de maisons

C'est là que ma route se meurt
Écrasée sous la dent de la rue

LE CORTÈGE DU 24 JUIN

Où me consolerai-je de ma route morte
Sera-ce dans la ville de l'histoire
Où chaque rue est un chapitre
Intitulé d'un nom célèbre

Pourtant de tout ce que j'ai lu que reste-t-il
Que reste-t-il de tous ces découvreurs
Qui forcèrent les serrures de mon pays
Ô coffre rempli de trésors naturels
Apportés par le temps pirate
À pleins galions de siècles

De tous ceux-là qui portaient dans leur cœur
Le Sésame-ouvre-toi des cavernes de l'horizon
Le temps pillard me dira-t-il ce qu'il en reste

On a pavé toute la ville de l'histoire
Pour y étouffer les pas de nos ancêtres
Et je ne puis sur les places publiques
Que m'ennuyer avec les monuments
En attendant de nos héros
L'annuelle résurrection

Et la voici par toute la province
Entendez-vous mouches de mon peuple
Entendez-vous les araignées-pontifes
Tissant pour vous leurs toiles d'éloquence

Mouches c'est l'annuelle résurrection
Au rythme tricolore des banderoles de papier collant
Courbez-vous courbez-vous devant le patron
Qui fane comme un enfant sous l'incompréhensible croix
Dont il écrase les moutons du souvenir

Le maître le passé défile vampire en carton-pâte

Peuple dis-moi quel char allégorique
Joint la femme admirable de Verchères
À la femme embrassée dans un bouge puant
Et quel fleuve partant de quelle Gaspésie
Joint le grand geste de Cartier
Au geste de celui qui vient de se vendre
Pour cent sous de confort

Les rues comme autant de canons
Criblent la ville de noms historiques
Et le grincement de tous les omnibus répond
Je me souviens

Est-ce là le lien la corde raide du souvenir
Et tout ce qu'on vend de mensonges
En forme de cartes postales
Aux comptoirs des lieux de pèlerinage
Au pied des monuments aux fins de procession

Est-ce là tout ce qui reste
Ce que nous livrent les manches des rues
Auxquelles les tailleurs de la ville
Ajustent les bras de l'histoire

Hélas et l'homme oublie son nom
Qui tinte à peine dans les cloches de son ombre

UNE FLEUR QUI SE DÉTACHE

Une fleur qui se détache une fleur qui part
Au vent discret est-ce l'amour
Au vent est-ce ta main et ma main réunies
Qui se jouent des monts et des arbres

Dans cette fleur
Tout un monde se met en branle
Tout un peuple prend racine
Et toi parmi tous ceux qui n'ont plus de patrie

Mais cette fleur Tristan
La porte au cimetière
Où le poids du passé

Et le présent indifférent
À pleines couronnes funéraires
Font leur pélerinage aux morts

POÈMES D'ÉTÉ

À la première Iseult

QUAND TOUTES LES AUTRES ROUTES

Quand toutes les autres routes se dérobent
J'essaye le sentier d'une boucle de cheveux
Sur ta tête et ta main pour me guider
À la lumière de ses ongles
Éclaire tous les fourrés obscurs
Qui se peuplent aussitôt de songes
Longs comme des fils de la vierge

Mais je dois te quitter
La clôture de tes cils se referme
Sous mes lèvres qui n'ont plus rien à dire
Plus rien à dire plus rien à faire

Lève la clôture de tes cils
Que je traverse tes paupières
Que je te quitte en rejoignant ton âme
Ton âme qui refuse encore de s'incarner
À mes yeux qui se perdent à pleines larmes
Sur les buvards de la nuit

VOILÀ TON FRONT

Voilà ton front dont je veux faire
Ma route à perte de cheveux
Que la nuit douce m'enveloppe
Dans la buée d'amour de la terre
Blanche et touffue comme le pain magique
Dont je nourris en moi ce vagabond
Qui fera bientôt tomber tes boucles
Sous les ciseaux de l'absence

Hélas le vagabond Tristan
N'a de cœur que pour aboyer
Dans la poussière étoilée de la route

TU AS CETTE BEAUTÉ SUBITE

Tu as cette beauté subite
Des étoiles filantes
Qui traversent mon ombre comme des chats
Tu bondis avec eux tu vas
Où d'autres ombres te caressent

Pourquoi crains-tu le jour
Et la branche aux flexibles libertés
Cette branche qui voudrait balayer
Toutes les étoiles qui persistent
À te vouloir pour reine
Toutes les étoiles qui te peuplent
Et te font peur d'être toi-même

Indifférente les bras étendus
Aux faciles lumières
Qui trompent ta solitude
Comme est mince le fil de nuit
Que tu voudrais toujours renouer
Pour te maintenir constellée

SI JE TE GAGNE

Si je te gagne je te perds
Et je reste avec cette fleur
Que j'ai prise au jardin du roi Marc
Cette fleur où tu t'admirais
Et dont les pétales avides
Buvaient la rosée de l'absence

« Je m'aime irresponsable et plus encore
Quand je chante par la bouche d'un autre »
Est-ce là ton message et le poème
Que tu me fais écrire

Pauvre fleur sitôt cueillie sitôt fanée
Entre mes doigts qui cherchent leurs racines
Dans les sables brûlants d'un mirage

MÊME SI NOS RENCONTRES

Même si nos rencontres
Sur les déserts de nos joues
Font tomber des fruits mûrs de misère
Les mirages ne cesseront pas
De nous tuer tous deux
À pleines larmes d'oasis
Tant que nous n'aurons pas étreint
Le tonnerre angoissé
De nos deux vérités

Toi que je porte en moi
Mais sans pouvoir te rencontrer

VIOLENTE AMOUREUSE

Violente amoureuse recherchée
Quand je n'ai réussi à te peupler que de moi-même
Mon front contre la vitre du tien s'est perdu
Dans le grand jour vide de l'oubli

Est-ce l'écharpe blanche
Est-ce l'écharpe noire
Que ton navire arbore

Je ne vois hélas de navire autre que le mien
Et ma douleur est ce départ qui par ta faute
Est devenu facile car les câbles des désirs
Lancés par mes marins n'ont pas trouvé sur toi
Que je sens si légère à la fin des caresses
La joie des abordages en haute mer

MA LÈVRE A DORMI SUR TA LÈVRE

Ma lèvre a dormi sur ta lèvre
Mon œil a dormi dans ton œil
Toute une nuit sur ton épaule
S'est mise en branle comme un nuage
Au vent des rêves que j'avais
Et dans lesquels j'ai dormi
Pour t'apporter le jour de mes efforts

Tu naissais à moi de ma nuit

Tout en moi de ce qui me dépassait
Tout ce que je t'apportais de colliers
De désirs que ta gorge faisait scintiller
Tout ce que tu voulais de joies à partager
Ne te fit jamais naître à moi que de moi-même

TU PARS

Tu pars
Et me fais voir ta main qui défait
Les rayons de soleil que je t'avais tressés
Ta main comme un abat-jour
Qui enfante le crépuscule
Remet les dépôts de regards

Tu pars
Et me fais voir ta main qui bouleverse les équations
Qui devient miroir que je ne puis plus dépasser

Autrefois je me voyais au-delà
Couché sur un lit d'algues caressantes
Et je pouvais respirer au fond de ton eau

Je me souviens des remous de ta peau
Qui se fait maintenant très lisse
Fleuve sur lequel je n'enverrai plus
Des navires de baisers

TOUS CES RETOURS

Tous ces retours
De saisons qui sanglotent
Sur la vague des équinoxes
Et sur la crête des solstices

Tous ces retours
D'une heure que j'encadre
Sur le mur de l'amour
Et sur le mur du temps

Tu pars tu reviens
Tu tends ailleurs le filet
De tes parfums de tes charmes
En quête d'anguilles de joie
Qui me reviennent toujours

Puisque l'amour a des fidélités
Que n'a jamais le sacrement

Tous ces retours
Ont des saveurs d'éternité
Que je distille dans la mort
Ta mort que dans mon âme j'ai voulue
Depuis longtemps sans le savoir

L'AMOUR À PLEIN VENT BU

L'amour à plein vent bu gonfle mon cœur à pleines voiles
Je suis sorti de ma poitrine et les portes de mes artères
S'ouvrent aux courants d'air immenses qui me poussent
Sur la route d'une douleur sur la route d'une joie
Avec de vastes champs de blé frémissant sur mes bras
Et des fleurs sur mes lèvres tremblant à en mourir
De peur d'être écrasées sous le pas de mon souffle
Que je retiens au bord du précipice d'un baiser

Mais voilà c'est fini l'amour crève
Dans les nuages au temps de l'imparfait
Les abandons se perdent comme des gouttes de pluie
Dans les prisons que garde le geôlier température
À l'échafaud des orages leurs têtes
Tombent dans les égouts du ciel
Ces rues sans nom où mon cœur bat le pavé
Parmi les programmes d'anciens concerts d'étoiles
Parmi les rayons dont on ne sait plus
Qui de la lune ou du soleil les a crachés

L'amour crève ouvre ta bouche
Seule et seul cercueil possible

LE VENT SE BERCE

Le vent se berce sur les feuilles d'automne
Et je les reçois toutes sans changer de visage

Impassible je bois la vengeance
Entre les blanches mains d'une autre Iseult
Et je regarde sur la braise de ses sourires
Se consumer mes images perdues

Entre toutes les feuilles d'automne ton image
Pour mieux se perdre change de couleur
Entre toutes les feuilles qui la portent
Morte

POÈMES D'HIVER

À l'autre Iseult

The white races, having the arctic North behind them, the vast abstraction of ice and snow, would fulfill a mystery of ice-destructive knowledge, snow-abstract annihilation.

D.H. LAWRENCE

HOLÀ LA TERRE

Holà la terre n'est plus qu'une immense bouche
À laquelle la neige appose son bâillon
Les crocs pourris des troncs claquent au vent farouche
D'héroïques forêts rigolent en haillons

Ses pieds aimeraient bien des pantoufles de mousse
Malade elle sourit son sourire se perd
L'hiver sauvage comme une panthère rousse
Refoule à l'horizon son sourire gris fer

Comme une vieille folle assise sur sa couche
La nature récite   ultime chapelet
Les noms de ses odeurs ses couleurs et ses mouches
Au bord d'un lac de glace où sombre son palais

LE SOLEIL NE SE REGARDE PLUS

Le soleil ne se regarde plus
Dans les miroirs des fleurs
Et dans le temple noir
Nulle offrande

Les quais des monts reçoivent
La grandnef de la nuit
Le ciel se met à l'ancre
Et les étoiles font escale
Sur les dalles de glace
Qui recouvrent le corps
D'Iseult la bloie

LA NUIT LES RÉVERBÈRES

La nuit les réverbères du sang
S'allument le long de mes membres
Le long de mes rues

Je suis une ville
Une ville qui veille
Pendant que l'autre dort

Or une musique gelée
En forme de cristaux de neige
Cette nuit descendait
Des grandes orgues des montagnes
Cette musique était gelée
Et venait fondre sur mon front

Cette note qui fond est-ce ton chant
Est-ce ton chant limpide sur mon front
Qui fait qu'à pleine bouche
Je veille sur ton corps de neige
Iseult de neige

JE NE VEUX PAS T'AIMER

Je ne veux pas t'aimer Iseult aux mains de neige
Je ne veux que t'entendre au piano des montagnes
Où le très faible soleil irise d'argent
Les colliers de glace que tu portes
Dans tout l'orgueil de ta victoire

Je ne veux que t'entendre au piano des montagnes
Où se confondent tes doigts avec les touches
Je veux voir se former tes notes en glaçons
Et se pâmer d'hiver cet orchestre assassin
Qui t'accompagne dans mon cœur

ISEULT AUX MAINS DE NEIGE

Iseult aux mains de neige
Va me venger du monde naturel
Va dans les jardins de son âme
Et sur la peau des anémones
Écris la mort en rides grises
À grands traits de frissons

Va froisser les lettres d'amour
Des pétales trop purs et tisse
Une dernière robe de très froid satin
Aux femmes imparfaites de l'été

Subtile autour des arbres tourne
Caresse-les jusqu'à leurs pieds
Où ta main s'ouvrira pour déposer
Des flocons d'ironique respect
Sur ces arbres étouffe les cris
De cette enfance maladroite aux doigts de sève
Qui ne savent retenir leurs hochets de feuilles

Pesant de tous tes dons
Couche-toi dans leurs bras
Et fais-les se courber comme des saules
En forme d'appel à la terre muette

LE SKIEUR LE VAUTOUR ET L'ÉRABLE

I

Quand chaque virage est le signe
D'un battement de cœur
Pourquoi faut-il que tu te caches
En forme d'érable inflexible
Sur cette piste où j'imprime
Des traces d'amour

Mes espoirs qui retombent en neige molle
Sur cet érable l'émeuvent à peine
Ce n'est qu'un peu de neige sur sa noire écorce
Noire toujours plus noire à ma douleur

Un jour mes grands vautours l'assailliront
Pour l'emporter et me laisser te voir
Un jour mes grands vautours le déracineront

Ou sinon sur ses branches leurs serres
De toutes mes forces se crisperont
Jusqu'à geler d'amour jusqu'à geler d'amour

II

Comme j'ai fait de virages autour de cet arbre
Et comme en chacun d'eux les ruses
Les ruses les plus sincères enfin m'épuisent

L'espoir de découvrir le mystère des neiges
A paré ma figure de brillantes couleurs
Mais je sens que mes larmes succombent au froid
Quand je ne connais pas de main tout au bord de mes cils
Pour recevoir ces bijoux que façonne
Le très sensible orfèvre de mes yeux

Assez de ces virages assez de ces ruses
Il faut abandonner mon cœur
Aux clients du désir car j'entends
La franchise tonner aux canons de mes veines
Et des cloches vibrer aux voûtes de mes membres

Ces cloches
Je les accroche au beffroi de la délivrance
Je les accroche mais j'oublie de me réjouir
Parce qu'un grand skieur vêtu de noir battant des bras
Dans toute l'ivresse du vautour qui l'habite
S'abat s'abat sur l'arbre
                                    et dans son dernier bond
Je ne sais plus qui du vautour ou de l'érable
Survit à l'autre

TOUS CES BIJOUX

Tous ces bijoux que je lui destinais
La nuit qui tombe les enlève
Et les accroche au front du ciel si loin
Si loin que je ne m'y reconnais plus

L'AMOUR LA TERRE

LA ROBE LONGUE DE MA MÉMOIRE

I

Ces souliers qui marchent tout seuls
Par les trous de leurs semelles percées
Laissent échapper des souvenirs insaisissables
Furtives chevilles de femmes que voile à peine
La robe longue de ma mémoire

Comme sont anciens les pas de ces souliers
Que changera bientôt la mode
Mais pourquoi ne vois-je plus
Ces jambes qui les font
Ces jambes aux reflets de lune perdus
Sous la robe longue de ma mémoire

Les réverbères-souvenirs de nuit s'éteignent
Frappés par le jour quotidien
Le jour où mon amour revêt
La robe longue de ma mémoire

II

Éternel retour
De ces souliers de ces pas
Un seul un même souvenir
Abolit la distance qui sépare
Le premier pas et le dernier
Sa présence ancienne et son absence

Si je la vois que dois-je croire
Mes yeux ou ma mémoire
Si je la vois quel jour est-il
La veille et le jour dansent en rond
Sur un calendrier menteur
Et vingt-quatre fois j'entends
L'horloge décomposer l'heure
En trente souvenirs et trente

III

Disette d'amour
Plus amoureuse sans baisers
Plus âpre sur un lit sans draps
Où la chair est trop rare

Disette d'amour plus désireuse
Sous la cloche de l'absence
La vie la pauvre vie enfle
Incurable plaie du néant

C'est l'hiver
Mes larmes se dispersent en neige
Et mes soupirs et mon souffle
Les poussent sur un chêne sourd
Où mon cœur vit dans ses racines
De patience emprisonnée

IV

Mais résiste le jardin sans jardinier
Et résiste l'étoile hors de la nuit
Comme le soleil hors du jour
Résistent l'une à l'autre les saisons
Dans un ordre inverti
Et résiste du chêne sourd
Le cœur battant sous l'écorce entêtée
Sous la robe longue de ma mémoire
Que ni l'ongle de midi
Ni l'ongle de minuit
Ne peuvent déchirer
En haillons quotidiens

V

Si je la vois que dois-je croire
Mes yeux ou ma mémoire
Si je l'entends est-ce le bruit
Des anneaux du printemps
Qui percent mes oreilles gelées
Ou bien dans ma gorge sèche
Est-ce le mince cri
De la source où l'espoir est tari

VI

Mais silence
Mille empreintes familières
Sur l'herbe qui les porte m'interrogent
Et les fourmis qui les traversent
Ploient sous le poids d'une plainte

VII

Elle me dit pourquoi
Me perdre au fond de toi-même
Tristan cruel Tristan
Pourquoi fais-tu tourner la lune
Sur le remous de ta mémoire
Comme un disque brisé qui te chante
Une chanson faussement immortelle
Pourquoi me désirer au bras d'une étoile
Quand la nuit où tu me plonges
Ne sera jamais constellée
Tant que tu ne m'auras suivie
Sur les sables mouvants des caresses
Où la chair mûrit à quatre mains

VIII

À mes souliers renoue la boucle de l'aurore
Et puis lève la tête et regarde
Tes souvenirs de nuit se feront jour

Laisse-moi revêtir pour l'animer
La robe longue de ta mémoire
Et laisse-moi découper d'un aveu
Le décolleté profond du jour
Où monte sur ma gorge de chair
La buée de l'amour la buée de la terre

LA FRANCHISE DU CIEL

La franchise du ciel et de la terre
Et celle de l'arc-en-ciel sur ton front
La franchise dont toutes les flèches
Vibrent dans tes yeux
C'est elle qui nous ouvre les barrières
De la nuit masculine et féminine
Où nos poings étoilés avaient frappé
Aux portes de l'amour aux portes de la terre

ARC-EN-CIEL

Les murs du ciel suintent d'amour
Et nous mesurent une si fine pluie
Qu'une fraîcheur exquise donne
Des gants de chair soyeux
À nos caresses

Tant de fraîcheur émeut l'automne
Qu'en vrilles éperdues
D'arbre en arbre s'abandonnent
Des feuilles rouges de baisers
Des feuilles qui se collent
Sur les colonnes de nos corps
Des feuilles dont la mort
Est notre vie

Au cap des trop humaines solitudes
Jamais le vent de joie n'aura poussé
De plus puissantes vagues de caresses

Aux voûtes de nos membres
Jamais les gongs du sang n'auront sonné
De si justes appels de si justes échos

Prolonge au vent prolonge dans l'espace
De si justes échos aux cloches capitales
Que leurs sons exorcisent du sombre Tristan
Le philtre l'épée nue et les noires amours

Entre les murs tonnants des passions orageuses
Lève le grand beffroi d'un arc-en-ciel
Cet étonnant baiser dont le soleil console
Les larmes de l'amour les larmes de la terre

BRUMES

Un soir afin de consteller ta solitude
Je suis descendu des vignes du ciel
Pour accrocher à tes doigts à tes lèvres
Des grappes capiteuses de baisers

Je t'ai voulue si amoureusement brillante
Que par les lignes magnétiques de mes mains
J'ai fait venir du Nord le soleil de minuit

Mais aujourd'hui tes yeux tes lèvres se referment
À ce soleil et tes mains qui s'étendent
Sur la terre établissent la nuit blanche
Qui fait souffrir le jour de n'être plus lui-même
Et garde au sol mes avions impatients
De protester d'amour à grands coups d'ailes

Or si je n'ai pour abolir l'espace
Que cette poésie des mécanos du ciel
Qu'ils me créent l'instrument du plus beau vol aveugle
Pour fléchir ce brouillard dont tu es si jalouse
Insiste poésie insiste à tours d'hélice
Insiste pour ouvrir ces lèvres nuageuses
Et tranche le pain blanc de cette nuit opaque

Traverse ces deux mains ces buvards de soleil
Qui voudraient m'empêcher d'imprimer
En caractères d'ombres sur la terre
L'essor de ces ailes qui portent
Les cocardes de mon cœur

Hélas tes mains d'éclipse sont plus fortes
Et bâillonnent toutes les bouches de lumières
Ces bouches dont la soif torture le soleil
Qui se recherche en vain dans l'absence de l'ombre

Si de tes mains j'accepte l'exil imposé
Au sommet d'un Midi futilement radieux
Et si j'accepte la douleur d'être amoureux
D'un cœur qui craint d'être trop constellé qu'au moins
Le pain de nuit que tu m'opposes soit pétri
Des brumes de l'amour des brumes de la terre

FEMME AUX COULEURS DE MON PAYS

Femme aux couleurs de mon pays
Voici qu'un peuple entier me porte
Sur les épaules de ses vagues
Et me remplit le cœur à déferler
D'amour d'un océan à l'autre

Ne va pas replier sur toi-même les ailes
De ce château que tu habites que tu laisses
Envahir par la brousse et les ronces rebelles
Rebelles trop à mes caresses jardinières

Ne me refuse pas d'entendre ce poème
Que fait le vent d'automne aux flancs de tes montagnes
En vers émerveillants de couleurs et de chutes
De feuilles que j'emprunte aux vignes de tes murs
De feuilles dont tes pas redoutent la douceur

Reconnais-les de ton château de mon pays
Et ne crains point d'y perdre tes propres couleurs

N'impose plus à mes forêts
La pénible morsure d'une patience
Aux dents de jour aux dents de nuit qui rongent
Les arbrisseaux des heures virginales
Pour les abattre une à une aux rives du temps

Femme aux couleurs de mon pays
Ne vois-tu pas mes castors qui s'acharnent
À défaire les mailles des saisons
En opposant des digues à l'hiver
Pour retenir les larmes de ces lacs si beaux
Que pleure mon amour sur toi sur mon pays

Ne sens-tu pas des Laurentides aux Rocheuses
Les doigts du vent viril avides de peigner
Tes longs cheveux de blé au front de tes prairies

N'entends-tu pas venir la vaste chevauchée
Des nuages bruyants que l'amour éperonne
Avant d'éclabousser les chairs les plus fertiles
En piétinant ton ciel de sabots de tonnerre

Ne sens-tu pas aux bords du Saint-Laurent
Les amères marées d'un grand fleuve amoureux
Et qui pourtant coule d'une eau si douce
Au cœur des villes intérieures
Pourquoi donc demander aux pêcheurs de la côte
D'étendre sur tes villes leurs filets de brumes
Où ne se prennent que les poissons de ta crainte
Ta crainte qui vacille à tous les réverbères

Femme aux couleurs de mon pays
Ta chevelure écume sur des vagues
De religions de langues différentes
Ta chevelure écume en boucles
Où se trouve captive
L'étoile de mer de ma main
Qui ne parvient pas à les démêler
Dans tous ces vents contradictoires
Qui te font peur d'être une dans l'amour

Et je me perds en vous femme patrie
Tant que je ne distingue plus
Dans les brumes de vos parfums
Laquelle j'aime le plus en l'autre

Ah dites-moi répondez-moi
                    De quel poème
Obtiendrai-je le Sésame-ouvrez-vous des brumes
De quel poème à fleur de chair à fleur de champs
Ferai-je éclater les épis de vos cœurs
Aux moissons de l'amour aux moissons de la terre

L'ÉTOILE DES GRANDS LACS

C'était congé de lune
C'était congé d'étoiles
Et dans l'école de la nuit
Devant le tableau noir du ciel
Nous étions seuls sans maîtres

Le ciel pur de ton front le ciel de mon pays
Est descendu si bas qu'il a posé sa tête
Sur mon épaule et j'ai senti son souffle
Un vent d'amour à perdre haleine dans mon cou

Seuls nous avons appris à compter sur nos doigts
À compter dix baisers à compter dix provinces
Et nous avons appris même par nos erreurs
Qu'au tableau noir nous effacions d'une caresse
À joindre nos dix doigts pour unir dix provinces

Puis j'ai crié ton nom celui de mon pays
Hélas l'écho qui m'est revenu s'est brisé
En dix noms différents de provinces

Pour écrire ton nom j'ai couru au tableau
Mais l'orage éclatant l'a fendu d'un éclair
En dix morceaux de ciel dont j'ai reçu les larmes

C'était congé de lune
C'était congé d'étoiles
Et dans l'école de la nuit
Devant le tableau noir du ciel
Je fus très seul sans toi

Je n'ai plus pour écrire notre histoire
Que des morceaux d'ardoise où se brise l'éclat
Très doux des bras de l'étoile des Grands Lacs
Où le cœur du pays se gonfle de marées
D'inutiles sanglots qui ne constellent pas
Le tableau de l'amour le tableau de la terre

POÈME POUR UNE JEUNE PROTESTANTE
DE MON PAYS

I

De tout le poids du souvenir
De tes mains jointes sur ma nuque
L'étole de tes bras
Pend encore à mon cou

Me voici prêtre en un délire liturgique
Qui me fait consacrer le pain de poésie
Me voici prêtre prosterné devant le sang
Qui brûle aux veines des cierges quotidiens
Et coule en larmes amères une cire
Où le temps fige ma mémoire

La messe que je chante est ce poème
Où je transcris du livre de ma vie
Les strophes du mystère le plus mâle
Que je coule en un vase sacré

Mais tu n'as voulu boire aux lunes sacrilèges
Qu'un peu de lait des chèvres de la nuit
Que l'est a dispersées d'un bond
Jusqu'aux sommets des monts de jour

L'éclair d'un grand refus cinglant
À cravaché la joue de cette nuit
Où pleurent de pauvres esclaves noirs
Qu'enfante un ciel d'orage et d'injustice

Et minuit saigne de ses douze plaies

II

Pour les minorités les sans-patrie ô Poésie
Viens caresser les joues humides de la nuit
Entre tes mains de jour aux blanches libertés
Puisque tu es l'aube qui cicatrise
Et qui lave le sang des étoiles
Sur la peau du matin

Pardonne Poésie en recréant
Le souvenir où quatre mains se joignent
Puisqu'à l'horloge des marées
Les aiguilles de la conscience
Nous montrent l'heure du reflux
De l'espérance qui délivre les esclaves
Aux grèves de l'amour aux grèves de la terre

LA VALLÉE DE L'ARC-EN-CIEL

Ô soleil forgeron
Sur l'enclume de ces montagnes
Où pétille le feu
Des neiges éternelles
Martèle de tous tes rayons
Les flèches des heures amoureuses
Qui débordent du carquois de mon cœur

Et parmi toutes martèle
Au cœur de cette forge des Rocheuses
La flèche de midi aux douze coups de sexe
Qui vibre au front du ciel comme un point d'orgue
La flèche de midi au rouge sang de sexe
Qui coule au fond de la vallée de l'Arc

Ô soleil forgeron
Sur l'enclume de mes Rocheuses
Martèle de tous tes rayons
Les flèches d'une foi nouvelle
Que je tire du fond de ma vallée de l'Arc
Pour crever les nuages qu'habite Tristan
Et pour ouvrir sur la vallée de l'Arc-en-ciel
Les portes de l'amour les portes de la terre

MEMENTO

Est-ce toi Tristan qui m'invites
Dans le refuge d'un château de cartes
Qu'une à une la vie et la mort
Se disputent sur des tables-cercueils

Mais je préfère frissonner
Sur la plaine à perte de chair
Où les loups de l'absence ont laissé
L'empreinte de leurs griffes

Monte seul à la tour exclusive où gémit
Le sexe qui te hante du bruit de ses chaînes
Monte seul où ta tête dans la nuit s'éclipse
Et souffre le supplice de ne pas pouvoir
Te signer jusqu'au front d'une croix rédemptrice

Je cesse d'être ton disciple le meilleur
Et je veux répudier ta mère immaculée
La nuit qui t'a conçu sans un péché d'étoile
Tes lèvres sont des vers et ta bouche une fosse
D'où s'exhale à ta mort ton verbe fait poussière

Memento homo quia pulvis es
Ô homme souviens-toi
Des cendres de l'amour des cendres de la terre

INCARNATION

TRIPTYQUE DE L'HOMME INCARNÉ

The hand and mind, reknit, stand whole for work.

Douglas LE PAN

I. INCARNATION

Je ne sais si la terre
A de secrets plus que les eaux
Où bien lestée d'une quille de chair
Mon âme descendue d'un rêve
Par les cordages d'un navire
Commandait à l'étrave qui m'ouvre
Les cuisses rutilantes de la vague

Je ne sais s'il est vrai qu'aux vents marins
Le bois des mâts virils résistait mieux
Qu'aux vents terrestres le bois tendre
De la forêt aux femelles terreurs

Je ne sais si la terre
A de secrets plus que les eaux
Plus que le sexe amer de l'océan

Où jamais je n'ai craint de plonger
Cette fleur que je porte à la proue
Cette fleur aux pétales de fer
L'ancre de ma foi

Étoile de la mer est-ce toi
Qui m'a dit que le Christ en son corps
N'a pas marché que sur les eaux
Qu'il faut le suivre sur la terre à l'heure
Où bruit un Verbe à minuit qui s'incarne

Ainsi tranchant les eaux multiples du déluge
Je me suis cru guidé par l'étoile des Mages
Vers le port où la femme patiente
Attend l'amour entre les quais

Au rythme de la joie promise au bout des mâts
Dans l'espace où l'étoile abolissait Babel
La femme et le navire ont balancé leurs hanches

J'ai cru ses bras tendus plus forts que des amarres
Erreur son âme avait la forme des départs
Et mes marins n'eurent qu'à retirer
Des câbles tout mouillés de souvenirs

II. PASSION

J'ai regagné la mer et mis le cap
Vers la banquise de mémoire
Ou vers un banc de sable Qui sait
Qui sait s'il est de neige ou bien de sable
Ce grand désert de l'âme qui s'absente
Et laisse béantes les portes de la chair

Les fauves-souvenirs viendront-ils dévorer
Mon cœur que déchirent les griffes de l'absence
Ô serpent de silence aux anneaux étouffants
Reviendras-tu te faire un nid au fond d'un crâne
Que le vent va couvrir de neige ou bien de sable

Ou pourras-tu entre tes doigts brûlés à l'os
Ô Péché-Voyageur retenir le Principe
Moulu en poudre de sable ou de neige
Qui sait

Seule Mémoire au pal terrible de midi
Tu sais le grand supplice aux lignes magnétiques
Issues des quatre points cardinaux de l'amour
Tu sais les cavaliers du nord et ceux du sud
Tu sais les cavaliers de l'est et ceux de l'ouest
Qui s'arrachent mes membres pour les disperser
Au grand soleil de chair éteinte
Que grugent les vautours du temps

Restent les ossements d'une Pensée
Garnis d'un peu de chair comme de quelques feuilles
L'arbre d'automne (cache-t-il l'arbre de la vie)
Qui ressemble à la croix la plus atroce
Celle où s'arrête le Péché
Quand à bout de mémoire il avoue
Qu'il a perdu ses traces sur le sable
Et sur la neige

C'est là que j'attendis trois jours
Trois nuits à perte de mémoire
Le dieu emprisonné par l'homme dans la mort

III. RÉSURRECTION

À Hélène

Or sous la poussée des racines
De l'arbre de la vie renouvelée
Le matin du troisième jour
Vint renverser la pierre de mémoire

Un lasso de soleil glorieux
Saisit de muscles de lumière
Les os des Ténèbres vaincues

Mon esprit nu s'est revêtu de chair
Mes yeux émus ont retrouvé des larmes
À généreusement répandre en oasis
Sur les déserts redevenus fertiles
De la mort

      La voilà comme neige fondante
Ou comme sable s'écoulant entre mes doigts
Au rythme de cette aube où se révèle
Un immortel tissu d'une âme et d'une main
Que l'aiguille de sang de la Résurrection
Vient broder de motifs de joie pour étonner
Cette femme fidèle au bord du tombeau vide

Femme fidèle ne crains pas
Réjouis-toi de te voir comme moi enlacée
Par un soleil dont la gloire brûlante
Imprime sur la peau très lisse de la mort
Les tatouages merveilleux
De la nouvelle vie

En nous s'incarne un rêve et se consacre
Une fidélité au bord d'un tombeau vide
Que le mystère a débordé comme une vague
Qui me redonne pied marin sur terre

J'ai plaisir à te voir au rouet de la vie
Tissant le fil de l'âme et le fil de la main
Pour que ta forme exactement se moule
Dans l'impeccable robe de tes jours

ADAM

I

Jeunesse réjouie au temps d'avant le sexe
Jeunesse au corps de femme détaché de moi
À quel autel de Dieu monterai-je vers toi

Je gravis seul les marches des corps innombrables
Que fauche la mitraille impitoyable du péché
Ou qui se noient dans l'immense flaque du vice

Je gravis triste et seul cet escalier de chair
Et seul debout j'indique par mon ombre l'heure
Au soleil aujourd'hui que je n'ai plus en moi
Car mon cœur ne bat plus que dans le beffroi vide
D'une église interdite aux cloches envolées

Perdu dans les égouts d'un temps trop mécanique
J'ai nostalgie de toi originelle terre
Et du souffle premier qui gonfla tes poumons
J'ai nostalgie du sang d'une mère sans âge
Dont je voudrais que les veines me guident
A l'ombilic étincelant du premier jour

Plonge scaphandrier aux profondeurs du temps
Archéologue fouille aux ruines de l'Éden
Et toi mémoire cours en estafette
Jusqu'au songe parfait où je rendors en moi
La femme et le miroir qui refléta ma faute

II

Ô songe
En toi mon âme et mon regard intemporels
Embrassent plus que les rives du Styx
Ô songe
En toi commence la forêt où seul
À pas feutrés j'avance à la file indienne
Qui me répète à l'infini dans l'innocence

Je me repose en la Pensée complète

J'ouvre la Terre comme un dictionnaire
Où chaque fleur dans son parfum porte son nom
Où chaque fruit dans sa saveur porte le sien
Si bien inscrits qu'en un seul souffle tout est dit

Il règne une parole inutile à transcrire
L'âme pour converser prend la couleur du temps
Et le sexe s'ignore dans son monologue

Qui donc ici voudrait penser quand tout se pense

Sur la terre le ciel promène un doigt de lune
Que l'homme enfant susurre entre ses dents d'étoiles

Un doigt de lune au fond du verre de la nuit
Que je renverse et vide au fond de mon cœur d'aube

Dans le matin une femme se lève
Et trouble de son ombre mon réveil

Est-elle femme ou nuit cette ombre que je bois
À la cuiller du jour qui m'assoiffe de l'autre
En creusant à mon flanc le grand remous du sexe
Où se brouille en moi-même l'image de Dieu

Ô chair unique en toi je souffre division
Au delta de l'histoire qui par moi commence

III

N'entends-tu pas penser tout haut la lune chauve
À mon soleil qui prie agenouillé tout bas
Dans l'aube ou dans le crépuscule

Est-ce une vaine joie qu'il a brûlée
À l'heure adulte de midi
Ou n'est-il à genoux que pour subir

Dans la forêt l'épreuve des sentiers étroits
Où bifurque le sexe
                    à jamais
                              divisé

À quel autel de Dieu monterai-je vers toi
Jeunesse réjouie au temps d'avant le sexe
Jeunesse au corps de femme détaché de moi

POÈMES DE RUSSIE

1957

Pour Barbara

AUTRE ADAM

Voici qu'entre la terre et les eaux partagées
Sur le fil de la grève en équilibre instable
Un monde roule et les marées battent sa coulpe
Contre les murs de cette geôle temporelle
Où la nuit solitaire achève de noircir
Le très dur pain du rêve où je m'obstine

Ah quel est ce péché qui étrangle mes jours
Entre ses mains gantées de crépuscule
De quel arbre vengeur proviennent ces branches
Au geste accusateur   Ces doigts pointés vers moi
Qui condamnent encore à la prison marine
Mon cœur toujours soumis au rythme des marées

Archange toi qui veilles au cap autorité
Pourquoi contraindre au grand ressac du repentir
Mes vagues qui se brisent sur le roc austère
Tandis que les saints dorment au bord du péché

Terre à genoux parmi les fleuves de tes larmes
Que je reçois au fond de ma prison marine
Pauvre terre aux épaules brisées de séismes
De quelle faute t'ai-je condamnée
À subir la colère et l'arbre de vengeance
Qui te viole de racines adultères

Je voudrais déborder les digues du péché
Et composer la rose des vents les plus doux
Celle qu'en un soupir le ciel effeuillerait
Tendrement sur le sexe blessé d'où s'écoule
L'âme femelle et vulnérable des humains

Mais quel dieu tirera de mon rêve obstiné
Cette femme aux couleurs de la terre et des eaux
Réunies par l'Esprit dans l'amour le plus simple
Cette femme aux couleurs de la terre et des eaux
Qui puisse devenir au toucher de la rose
Le monde et ses plaisirs le monde et ses douleurs
Pour moi qui suis l'amour du monde

AU FOND DE MA MÉMOIRE

Au fond de ma mémoire
Est un moulin
Grince grince la meule
Du repentir
Au fond de ma mémoire
Est un moulin
Tournent les ailes du temps

Au fond de ma mémoire
Un monde dort
Silencieuse est la meule
Du repentir
Au fond de ma mémoire
Un monde dort
Tournent les ailes du temps

Au fond de ma mémoire
Un monde meurt
Écrasé sous la meule
Du repentir
Au fond de ma mémoire
Un monde meurt
Tournent les ailes du temps

Ô MÉMOIRE INUTILE

Ô mémoire inutile
Moulin de ma misère
Si longtemps que se taisent
Les grands vents prophétiques
Quoi d'autre peux-tu moudre
Qu'une récolte de remords

CIRQUE

Sur le fil de mes heures
Au-dessus de l'éternité
Je marche en équilibre
Sans filet de sécurité

Dans l'arène des chiens savants
Traversent le cercle du temps
Et sans en échapper un seul
Les jours jonglent avec mes jours

Un clown mélancolique
Chante la mort ma fiancée
Mais la noce toujours est remise

Un chœur étrange l'accompagne
Chœur de jours et de nuits qui se perdent
À répéter des chants et des répons
Sans parvenir à l'unisson

Sur le fil de mes heures
J'avance et je reviens
De l'aube au crépuscule
Du crépuscule à l'aube
À petits pas prudents

J'avance et je reviens
À la fois libre et prisonnier
Redoutant d'année en année
La chute de la vie boiteuse
Et l'apparition de ma fiancée
Au moindre tremblement du fil
Au moindre silence du clown

Sur le fil de mes heures
Au-dessus de l'éternité
Je marche en équilibre
Sans filet de sécurité

C'ÉTAIT UN CAMARADE

C'était un camarade
Pour qui toute la vie
N'était qu'une prison

Son rêve de vingt ans
Était un rêve de lumière
Son rêve de trente ans
Était le rêve de ses frères
Les révolutionnaires

Quand vint la quarantaine
Il dormait dans son rêve
Quand vint la cinquantaine
Il mourait dans son rêve
Et vint la soixantaine
Dont il ne s'éveilla jamais

C'était un camarade
Pour qui toute la vie
N'était qu'une prison

C'était un camarade
Né pour voler ses jours
Aux ordres de la nuit
Né pour voler l'amour
Aux ordres de la rue

C'était un camarade
Né pour voler la grâce
Hors du confessionnal
Né pour voler au prêtre
Son absolution
Et le pardon du ciel
Par-dessus le marché

C'était un camarade
Qui ne vivait que dans
L'espoir d'une évasion
En faisant un complot
Plus pur qu'une prière
Pour voler comme Christ
Son cadavre à la mort

C'était un camarade
Pour qui toute la vie
N'était qu'une prison

Il est mort en traînant
Ses os vers un mirage
Soleil et sable et vent
Ont sublimé son corps

Ah la belle évasion
Du pauvre camarade
Pour qui toute la vie
N'était qu'une prison

QUAND ON ACHÈTE POUR LES YEUX
DE LA VENDEUSE

Quand on achète pour les yeux de la vendeuse
Qui sait s'ils ne sont pas tous faux
Ce Sèvres impérial cet émail japonais
Cette icône de Russie ce Kinjal géorgien
Qui sait s'ils ne sont pas tous faux
Quand on achète pour les yeux de la vendeuse

Et le temps que l'on vit qui sait s'il n'est pas faux
Ce beau temps que l'on paie en années bien sonnantes
Vieille vendeuse Éternité si tu le sais
Avant de nous le dire au moins montre tes yeux

CETTE MAISON D'ANCÊTRE

Cette maison d'ancêtre aux vieilles pierres sages
Cette maison d'ancêtre où l'on allait mourir
La ville en grandissant la menace de mort
On veut la démolir pour élargir la rue
À sa place on veut faire un grand trou dans le temps
Dans tout ce bon vieux temps qui tient debout en elle
Pour que la vie roule plus vite coule plus vite
Vers la mort qui viendra bien plus vite le jour
Où il n'y aura plus de ces maisons d'ancêtres
Où l'on allait mourir tranquillement

Soit   Que l'on démolisse la maison d'ancêtre
Que la ville grandisse que la ville vive
Mais d'où vient cette peur de la mort qui me prend
À la vue de ce trou que l'on fait dans le temps

QUI DÉFENDRA MA NUIT

Qui défendra ma nuit

Mes intentions confuses
Mes ombres qui discutent
Mes étoiles qui clignent

Ou sera-ce là-bas
Sur la place publique
Béante bouche noire
La dent d'une pensée
Qui fait la sentinelle
Et s'aiguise en jeûnant

PEUR

Main dans la main
Avec ma sœur
Main dans la main
Avec la peur
Aux cheveux gris
Précocement
Au fond des nuits
Aveuglément

Fidélité
Nos cœurs se pressent
Éternité
Sous tes caresses

Peur ô ma sœur
Embrasse-moi
Et que je meure
Selon ta loi

Peur ô ma sœur
Entre tes mains
Léger mon cœur
J'épouse enfin
La mort précoce
Je m'abandonne
Au jour des noces

Dieu me pardonne

DERNIÈRE DANSE

Mes jours ne valent rien
Au cours du temps qu'il fait

Terre tourne plus vite
Va vendre au marché noir
Mes lunes pour des ans
Et fais-moi centenaire
Et fais-moi millénaire
Et fais-moi millionnaire

Terre tourne plus vite
Au temps dévalué
L'intérêt de l'amour
Deviendra fabuleux
Nous danserons ensemble
Au rythme accéléré
Des danses de l'oubli
Nous dormirons ensemble
Dans les bras presque joints
D'hier et de demain

Terre tourne moins vite
Tu m'as fait millionnaire
Mais je suis en faillite
Car j'ai tout dépensé

Je n'ai plus que trois heures
À danser avec toi
Au bal de charité
Que l'éternité donne
En l'honneur de ma mort

Terre autour de ma tombe
Viens tourner en silence

NOUS REVENONS TOUJOURS

Nous revenons toujours aux heures les plus simples
À celles du matin où l'on sort du sommeil
Pour aller boire à deux la rosée du plaisir
Avant que le soleil cruel ne la dissipe
Et que le jour sévère ne partage les êtres

Ô nuit à peine sommes-nous sortis de toi
Que nous voulons te recréer en nous mêlant
Pour qu'entre nous la mort ne sache pas choisir

ICI LE JOUR

Ici le jour n'a pas encor trouvé ses formes
Et l'on se défend mal de la nuit trop voisine

Or si tout se résout en noces rituelles
Si nos passions faciles cèdent au sommeil
Et si la vie fait ses petites additions
Et la mort ses petites soustractions
Sans rien changer au bilan de notre paresse

Si l'on tend le filet des gestes de l'amour
Sans rien pouvoir saisir d'un rêve où se confondent
L'informe et l'infini

               Doit-on se résigner
À perdre tout son temps à en mourir
Dans l'espoir vague d'obtenir
L'éternité pour prix de sa paresse

L'INCORRIGIBLE TEMPS
(petite parabole du temps en guerre civile)

I

Midi rêvait d'étreindre
Une planète entière
Soumise à sa lumière
Midi rêvait d'étreindre
Toutes en un seul jour
Les heures de la terre

Croyant que les étoiles
Conspireraient entre elles
Pour abolir le règne
Des dynasties lunaires

Croyant que les étoiles
Partageraient son rêve
De renverser enfin
Le trône de Minuit

Croyant le temps venu
De régner sur le temps
Il poussa le grand cri
De la révolution

Les heures ordinaires
Les heures prolétaires
Les heures cendrillons
Clamèrent avec lui

À mort Minuit l'aristocrate
À mort celui qui sonne
Les douze coups du pauvre
À l'horloge impériale

II

S'évadant de l'horloge
Midi et ses armées
Se ruèrent ensemble
Contre le crépuscule

La lune abandonna
Minuit assiégé
Au chant de ses poètes

Qui pensaient au suicide
(N'était-il pas trop tard
Pour refaire le temps?)
Leurs mots paralysés
Ne savaient plus traduire
Qu'un langage de peur

Ils pensaient au suicide
Mais quand même ils chantèrent
Ils chantèrent Minuit
Et toutes les horloges
Répétèrent leur chant
Et Minuit fut sonné
Et Minuit fut sauvé

III

Si Minuit fut sauvé
Ses poètes sont morts
D'une mort inutile
Plus que celle d'Hamlet
Car ils n'ont pu refaire
L'incorrigible temps
Et leur chant le plus pur
N'eut qu'un très faible écho
Au cap Éternité

LA VILLE

On marche sans voir d'anges
De la porte Midi
À la porte Minuit
De cette ville étrange

La place de l'Espoir
Baille   Elle est toujours vide
Sur ses pavés humides
L'amour attend le soir

Pour réveiller l'écho
Du rêve de la rose
Qui n'est encor éclose
Et dort au font d'un pot

Elle rêve beau temps
Je l'ai compris sans peine
Et j'en ai fait ma reine
Pour être son amant

Mais je l'ai fait mourir
Pauvre reine ma rose
Au temps toujours morose
Elle voulait dormir

Et je remonte en vain
La rue des fleurs en larmes
Où s'endort le vacarme
Du square quotidien

Taisons-nous c'est la fin
Allons suivre le rite
De la mort qui habite
Rue du Pense-à-Demain

LE TEMPS CORRIGÉ

Or je suis revenu sur mes pas
Je suis revenu jusqu'à ma naissance
Et j'ai refoulé jusqu'à la leur
Ma famille et tous mes ancêtres

J'ai chanté une messe à l'envers
Pour que le sang goûte le vin
Pour que la chair goûte le pain
Pour revenir au nom du Père
Et ne plus dire ainsi-soit-il

J'ai tout rendu ce que j'avais
Ma foi au roi des cieux ma langue au roi de France

J'ai rendu Rome à ses collines
J'ai dispersé les douze Apôtres
J'ai renvoyé chez eux les bergers et les Mages
J'ai démoli Babel étage par étage
Et j'ai rendu la pierre à la montagne
J'ai ramené sa colombe à Noé
Et j'ai bu toute l'eau du déluge
J'ai replacé dans l'arbre le fruit défendu
Et remis à Satan le péché de science
J'ai fait rentrer en moi la première Ève
Et j'ai rendu le sexe à l'unité

Alors il ne me resta plus
Pour souffler la lumière
Qu'à rendre le premier soupir
Et tout rentra dans les ténèbres

MÉTIERS

Coureur de bois dans des forêts pétrifiées
Où l'Esprit s'était évadé de toute forme
Je ne trouvais dans chaque piste que des os
Dont le diable même dédaignait la garde

Et je me demandais dans ces forêts
Quelle abstraite pensée tenait debout les arbres
Quelle vaine prière y maintenait les heures

Caravanier je méditais dans les déserts
Aux longs cheveux de sable fouettant l'absence
Sur les dunes de l'âge où le vent
Dessinait d'infinis frissons de désespoir

Et je me demandais quel oasis
Justifiait mes caravanes solitaires
Quelle vaine prière y maintenait les heures

La poussière et la cendre et le sable
M'étaient devenus si intimes
Que je ne savais plus très bien
Si j'étais spectre ou si j'étais vivant et si
L'Esprit qui soufflerait *sur ma poussière à moi*
Me détruirait ou me rendrait la vie

Alors je me suis fait prêtre parmi les morts
Et j'ai fait de la mort mon pays de mission
Pour n'avoir rien à convertir rien à ressusciter
Mais simplement pour témoigner jusqu'au bord des tombeaux
Et prêcher le silence où règne un verbe sans échos

Là j'ai vécu de Dieu comme d'un souvenir
À la chapelle de mémoire je n'ai pas dit
Mais je n'ai fait que répéter ma messe
Tout le long de ma route j'ai planté des croix
Mais je n'ai pas refait le chemin de la croix
Et je suis devenu ce pauvre comédien
Qui répète sans cesse et ne sait plus rien dire

ÉTAT DE SIÈGE

À Gérard Pelletier

Par peur de la police
Et des arrestations
J'eus peur des permissions
Mais surtout peur de l'inconnu
Et de la liberté qui me le présentait

Par peur de Dieu
Par peur des prêtres
Par peur des hommes
Et de la femme dont ils étaient nés

Par peur de mes péchés
Par peur d'aller les confesser
J'eus peur d'avoir la grâce
Avec la sainteté qu'elle apportait

Par peur des guerres
Par peur de l'ennemi
J'eus peur de mes amis
Et de la paix qu'ils m'annonçaient

Par peur des mots
Par peur de la pensée
J'eus peur des formules magiques
Et des sorciers qui me les répétaient

Signe de croix ou cri de race
Magie par l'amulette ou par le masque
Oh la peur primitive la peur de Peau-Rouge
Qui me fit travailler au canot du suicide

J'avais déjà taillé l'aviron des chansons
Celui qui mène en haut jusqu'au pays peut-être
Où j'aurais pu rejoindre la chasse-galerie

Mais la minute où je fus prêt
L'autorité m'avait cerné
Avait braqué sur moi ses phares
Qui sans pitié m'acculaient jusqu'au mur
De la prison sans aumônier de ma conscience

REVERRAI-JE

Au bras du Saint-Laurent
Reverrai-je mon île
Et celle d'Orléans
Reverrai-je mon île
Amoureuse du temps

Jupes de neige au vent
Reverrai-je ma ville
Plus jeune à trois cents ans
Reverrai-je ma ville
Danser allégrement

En arrivant au port
Reverrai-je les filles
Avec les gars du Nord
Reverrai-je les filles
Avant de voir la mort

Sur les bras de la croix
Qui brille au cou des filles
Sur les bras de la croix
Qui domine ma ville
Reverrai-je mon Roi

À LA CLAIRE FONTAINE

Laisse-moi t'emmener à la claire fontaine
Laisse-moi te chanter des chansons anciennes

Il y a longtemps que je t'aime
Et jamais je ne t'oublierai

Laisse-moi consoler ton peuple-cendrillon
Puisqu'il ne peut pas oublier son prince
Et que ses souvenirs sont les mauvais brouillons
D'un rêve qui s'égare et d'un espoir trop mince

Il y a longtemps que je t'aime
Et jamais je ne t'oublierai

Laisse-moi consoler tes pauvres écoliers
Qui n'ont jamais gagné que des prix de mémoire
Et qui du temps se sentent prisonniers
Quand il faut prendre place dans l'histoire

Il y a longtemps que je t'aime
Et jamais je ne t'oublierai

Laisse-moi te chanter des chansons anciennes
Laisse-moi t'emmener à la claire fontaine

LES MALÉDICTIONS
(sermon sur le mont Royal)

Au nom du ciel et de la terre et des étoiles ainsi soit-il

Malheur à nous
Si nous voyons nos villes endormies
Toujours rouler du côté de la nuit
Toujours ouvrir de grandes mains de rêve
Pour effeuiller entre les doigts de leurs clochers
Quelques étoiles-marguerites

Malheur à nous
Si nous voyons nos temples devenir musées
Où nos curés surveillent des collections d'âmes

Malheur à nous
Si nous ne savons pas quoi dire aux pauvres
À tous ceux qui demandent l'heure aux autres
Lorsque nos montres marquent l'heure
D'un empire qui n'est pas le nôtre

Malheur à nous
Si notre amour n'a pas encor forcé les portes
D'une Cité que nous n'avons bâtie qu'en rêve

Malheur à nous
Si nous fuyons l'épreuve de la connaissance
Et le péché qui donne une présence au monde

Malheur à nous
Si nous guettons aux fenêtres d'avril
Une saison qu'ici les regrets seuls connaissent

Malheur à nous
Si notre haine ne fait pas d'hivers si froids
Que le printemps ne les dissipe en vaine pluie

Malheur à nous
Si nos saisons dérivent sans peser sur terre
Et si nos nuits d'amour l'amour lui-même les oublie

Nous qui n'avons que par la grâce de nos pas
Le sol que nous foulons en ce monde loué
Nous nous multiplions pour mieux porter nos morts
Pour mieux mourir encore que tous nos ancêtres
Mais sans qu'à force de mourir une lumière
Une raison de vivre éclaire nos tombeaux

Au nom du ciel et de la terre et des étoiles ainsi soit-il

ALLONS APPRENDRE

Une pensée pour tout bagage
Allons apprendre le voyage

Allons apprendre le silence
Apprendre à vivre par oreille
Et faire juste assez de bruit
Pour savoir quand la vie finit

Allons apprendre le silence
À l'oreille donnons sa chance
Au milieu des justes échos
Pour entendre claquer ses os

La liberté pour tout bagage
Allons apprendre le voyage

JE NE CHERCHE QU'UN MOT

Je ne cherche qu'un mot
Qui moule la minute et qui la fasse entendre
Je ne cherche qu'un mot
Qui sauve la minute en lui donnant un sens
Je ne cherche qu'un mot
Qui transforme ma langue et celle des ancêtres

Rien qu'un mot qui résonne
Quand je serai devenu sourd

Rien qu'un mot-gouvernail
Pour diriger le temps quand je ne serai plus

Rien qu'un mot dans le vent
Comme un mouchoir que l'on agite
Pour consoler le temps que l'on perd à pleurer
Quand on ne comprend pas pourquoi on meurt

Rien qu'un mot-souvenir
Du verbe qui s'incarne
Pour dépasser la mort

Rien qu'un mot-souvenir
Qui aille droit au cœur des chênes
Et qui les fasse se signer
Au-dessus de nos tombes
Où dort la liberté

CE BOIS DE MYSTÈRE

Ce n'est pas à Moscou la Forêt argentée
Ni le bois de Vienne ou celui de Boulogne
C'est un bois de mystère loin des bras de ma mère

Ce petit bois la clé des champs ne l'ouvre pas
Sésame est sans effet il faut vendre mon âme
À ce bois de mystère   Oh l'âme de ma mère

Et je sème pour mieux retrouver ma route
Des mots bien familiers des mots de mon enfance
Dans ce bois de mystère   Oh la voix de ma mère

Est-ce la danse de la peur si nos dents claquent
Et tout ce qu'on a d'os qui flottent dans le corps
Dans ce bois de mystère   Oh les os de ma mère

Les os quand le corps tremble flottent dans la peur
Comme les branches dans leurs feuilles   Et les fruits
      tombent
Dans ce bois de mystère   Oh la peur de ma mère

Un à un les doigts tombent   Nos deux mains les suivent
On n'est plus qu'une jungle désarticulée
Dans ce bois de mystère   Oh les mains de ma mère

Qui dira la portée de nos gestes manchots
Qui dira la couleur de nos grands yeux d'aveugles
Dans ce bois de mystère   Oh les yeux de ma mère

Tous les sentiers fourmillent de mots inconnus
Et l'on y devient sourd aux mots que l'on savait
Dans ce bois de mystère   Oh les mots de ma mère

Si je deviens la proie des petits mots qui tuent
Faites que je ne meure pas sans sépulture
Dans ce bois de mystère   Oh la mort de ma mère

LES DÉBITEURS

Ah que j'aurais voulu disparaître en voyage
Mais sept ans dit la loi   Un disparu ne meurt
Qu'après sept ans dans les grands livres de la Loi
Et je n'ai pas le droit de m'absenter ainsi
Ni de vous faire attendre sept ans sept hivers
Pour maudire à votre aise ma mémoire ingrate
Et vous donner de quoi nourrir à petit feu
Une haine à souffler tous les cierges du temple

Ah que j'aurais voulu chanter au nouveau-né
Qui demande le père à l'enfant que j'étais
Tu es ma liberté par la femme étrangère
Tu es l'amour des autres qu'il faut dire au monde
Mais je sens votre amour étouffant de prières

J'aurais tant voulu faire le jeu des saisons
Dont le plaisir malin consiste à s'enfermer
L'une après l'autre tour à tour dans la mémoire

Mais puis-je renier les pauvres que nous sommes
Et qui de père en fils et de pauvre en plus pauvre
Sans cesse accumulent la dette séculaire
Qui fait boule de neige au rythme des hivers

LES PAUVRES QUE NOUS SOMMES

Les pauvres que nous sommes n'ont qu'une saison
Un long hiver qui les endette jusqu'aux os

Les pauvres que nous sommes vivent maigrement
Ils ménagent leurs mots ménagent leurs soupirs
Et tout ce que le froid peut saisir sur leurs lèvres

Les pauvres que nous sommes vivent de silence
Et leurs bouches ne s'ouvrent que pour recevoir
Le Verbe en contrebande à la messe des riches

Les pauvres que nous sommes s'acharnent sur terre
Et tous ceux qui survivent maudissent leurs morts
Et leurs départs en fraude avec l'amour des autres

Les pauvres que nous sommes ont l'âme braconnière
Mais par crainte des mots qui prennent l'homme au piège

Ils ne savent encor traquer la vérité
Qui garnirait leur plat quotidien de silence

Qui donc ici élèvera le Verbe
Sans crainte de tromper les pauvres que nous sommes
Et que la pauvreté force à rester debout
Gardant le seul silence pour maître après Dieu

DANS UNE ÉGLISE DE MOSCOU

Dans une église de Moscou
La cire du silence à vingt lampions
Alimente une flamme qui donne
Un sens aux mèches prisonnières

Mais quelle est cette flamme
Qui lèche le silence
Où communie mon âme
À celle des icônes

Entre ses lèvres chevrotantes
Une vieille dévote
Gruge le beau silence

Mais quelle est cette flamme
Qui tremble avec la vieille
Au petit rythme des prières

Dans une église de Moscou
La cire du silence à vingt lampions
Alimente une flamme qui donne
Un sens aux mèches prisonnières

(Variante : Dans une église de Québec...)

VENDREDI SAINT

Attention une rose est sur le point d'éclore
Sur la tombe d'un pauvre qui vient de mourir
Et qui avait passé toute sa vie à dire
La liberté ne chante que pour ceux qui meurent

PÂQUES

La liberté chante pour ceux qui ressuscitent

LES BELLES AU BOIS DORMANT

1960

*À la mémoire de ma mère
décédée le 19 mai 1958*

*Nous n'entrons point d'un pas plus avant en
    la vie
Que nous n'entrions d'un pas plus avant en
    la mort,
Nostre vivre n'est rien qu'une éternelle
    mort...*

Jean-Baptiste CHASSIGNET

*Plus clairement que jamais, il voyait main-
tenant que l'art, toujours et sans trêve, a
deux préoccupations. Il médite inlassablement sur la mort et par là, inlassablement il
crée la vie. Le grand art, l'art véritable,
celui qui s'appelle l'Apocalypse et celui qui
la complète.*

Boris PASTERNAK
Le Docteur Jivago

EN GUISE DE TESTAMENT

Chaque jour que je vis je le prends à la mort
Chaque poème écrit je le tire d'un mort

Si j'ai quelque vertu elle flambe au péché
Ma chandelle est ténèbre et ma flamme est l'instant

Si mon corps est de cire et me brûle l'amour
Ma vie est une nuit que consument les jours

En moi tout est tristesse à mitrailler de rire
Et lorsque je mourrai lorsqu'il n'y aura plus

Rien à tirer de moi peut-être le silence
Ni triste ni joyeux me laissera sourire

Des bruits et des rumeurs que j'aurai fait courir
Et du poème que la mort écrira sur mes traits

Je confie ce poème à l'embaumeuse éternité
Pour l'édition définitive de mon âme

Et quant à celle de mon corps j'y voudrais bien
Quelques vieux vers de bonne terre de chez nous

Ce sont les seuls que je m'efforce d'égaler
Pour le plaisir des morts chez qui résonne

La rime très parfaite du dernier soupir

DANSE JAVANAISE

Entrechat entrechien pas de danse et de rien
C'est la danse à Java qu'on ouvre un pied en l'air

Entresol entreciel entre lune et soleil
Viens danser à Java et lève un pied en l'air

Entre prince et princesse entre donc en la danse
Viens danser à Java mais garde un pied en l'air

Entre mal entre bien entre tout entre rien
C'est la danse à Java qu'on danse un pied en l'air

Rien ne finit tout recommence quelle danse
Ah la danse à Java toujours un pied en l'air

J'ai fait le bien j'ai fait le mal un pied en l'air
J'ai fait la paix j'ai fait la guerre un pied en l'air
J'ai fait l'amour dans la défaite un pied en l'air

J'avais l'autre sur terre il était dans la tombe
Il est tombé au fond je suis mort comme on meurt
Comme on danse à Java toujours un pied en l'air

JAVA

Une île entière est mon cercueil

L'océan Pacifique et ses longues rangées
De vagues à genoux en prières me veillent

Mon catafalque est la nature en fleurs
À ma tête à mes pieds deux volcans chandeliers
Ah la chapelle ardente au soleil tropical

Dans le lointain passe un orage
L'éclair esquisse un signe de croix

Tout l'océan est devenu mon corbillard
Et tous les vents cherchent en vain au bout du temps
Une fosse où descendre mon île-cercueil

FRANÇOIS PARADIS

Dans un désert ou sur la mer
Un cadavre est toujours un cadavre
Une épave toujours une épave
Un point qui flotte dans le vide au bout
De la ligne effacée d'une vie

Mais sur la neige un homme mort les bras en croix
Les deux pieds les deux mains cloués par le froid
Avec ou sans le cierge éteint d'un tronc pourri
Et la cohorte des tempêtes pour pleureuses

Sur la neige un homme a pu mourir en pleurant
Et confier au froid ses dernières larmes
Pour qu'elles fondent qu'elles coulent au printemps
Larmes posthumes larmes souvenirs gouttes d'eau libres
Comme les eaux de la rivière à la débâcle

Ah sur la neige
Une épave n'est pas une épave
Un cadavre n'est pas un cadavre
Si les vivants savent se souvenir assez
Pour que la mort des autres soit leur liberté

AH CES FAÇONS PIEUSES

Ah ces façons pieuses de compter ses pas
Et d'en scander le rythme d'un cœur endurci
Et d'en faire une longue addition sur son chapelet

Ah ces façons pieuses de pleurer les morts
Et de porter le deuil comme une meule au cou
Et de s'user l'échine sous un ciel trop bas

Ah ces façons pieuses de se souvenir
Et de monter la garde alentour des tombeaux
Et de croire qu'un ange y fait la sentinelle

Ah ces façons pieuses de désespérer
Et de faire carême et de se mortifier
Pour mieux crucifier Dieu dans la mémoire close

AUTANT DE FEMMES

Autant de femmes dans ma vie
Autant de formes pour mon âme
À chacune sa robe
À chacune son poème

La mode change
Tourne la terre
Tournent les corps
Dans leur sommeil

Autant de femmes dans ma vie
Autant de souvenirs sur les rayons
De ma bibliothèque-cimetière
Où je me cherche sans relâche
Entre ma fille qui vient de naître
Et ma mère qui vient de mourir

Entre la robe de baptême
Et le linceul de la défunte
Mon livre ouvert au berceau
Se referme au cercueil
« Achevé d'imprimer le 19 mai »

La mode change
Tourne la terre
Tournent les corps
Dans leur sommeil

Brûlons cette bibliothèque
Et déchirons robes et poésies

Dors ma femme nue
Dors ma fille innocente
Dors ma mère morte
Dors mon âme perdue
À la seule beauté
Qui ne se vêt d'étoffes ni de mots

La mode change
Tourne la terre
Tournent les morts
Dans leur sommeil

Tourne la tête encor
Vers ta femme et ta fille
Vers ta mère et ta mort
Qui sont les formes de ton âme

AU SALON DE LA DERNIÈRE SAISON

Enfin la mode acclame la robe linceul
L'aveuglant décolleté qui dégage
La plus séduisante des gorges décharnées
Enfin la mode acclame le souple drapé
Qui accuse la ligne du squelette
Et qui chante les charmes funèbres des os

Ah le beau mannequin à l'agonie
Qui montre aux invitées de ce caveau mondain
Sa robe de mariée dernier cri de la vie

Robe à la page robe à la dernière page
Ornée d'un bouquet d'âmes embaumées
Tu donnes tant de charme à ce sourire amer
Du mannequin qui sait qu'au lieu de sang de vierge
Un peu de poussière d'os souillera seule
Les draps de satin blanc de son grand lit-cercueil

Robe à la page qu'on détache de la vie
Robe de noce qui ne dure qu'un matin
Mensonge ultime tenant à un seul fil
Que le Oui de la mort et du mourant
Coupe aux acclamations des défuntes beautés
Au salon de cette dernière saison
Pour le triomphe de la mode la plus pure
Et le beau désespoir des couturiers ruinés
À l'instant où commence la lune de miel
Sans fin qui mène à la complète nudité
Des squelettes en robe éternelle de nuit

IVAN GROZNY

Sous mon pas qui résonne
La terre s'est vidée
Par mes dieux reniés
Les cieux se sont vidés
Et je marche et je prie
Entre la terre et les cieux vides

Par la blessure ancienne
Mon cœur dur s'est vidé
Par l'idée cancéreuse
Mon crâne s'est vidé
Et je souffre et je pense
Dans mon cœur et mon crâne vides

Combien me faudra-t-il
De crimes exemplaires
Pour remplir ce grand vide
De l'histoire et du monde
Et pour me consoler
De n'avoir jamais pu
Réaliser mon rêve
D'ouvrir cette prison
Avec une autre clé
Que celle de la mort

J'ai fait assassiner
L'aumônier des prisons
J'ai fait jouer la Pâque
Comme une comédie
Et depuis que personne
Ne sait chanter ni rire
Dans l'ombre sur des ombres
Je règne en noir sur gris

Ah je me suis juré
Que pour le dernier homme
Dont je suis prisonnier
Par mon rêve impossible
Quand je prendrai sa vie
J'agrandirai ma tombe
Aux dimensions du monde

Mais je voudrai d'abord
Que le soleil s'y jette
Et me laisse un instant
Grisé par les Ténèbres
Régner comme une veuve
En sa demeure vide

MONARCHIE CONSTITUTIONNELLE

Au bord de la Tamise
Où la brume est de mise
Le soleil peut régner
Mais jamais gouverner

Il a si peu de chance
Tant le brouillard est dense
Qu'il faut avoir la foi
Pour croire à ce grand roi

Austère est la consigne
De ce brouillard très digne
Qui garde le palais
Et commande aux Anglais

Que personne ne bouge
Le long du tapis rouge
Car le monarque vient
Malgré qu'on n'y voie rien

Or le temps se dégrise
Au bord de la Tamise
Miracle il fait soleil
Sur la ville en éveil

Avec toute sa suite
Ô noble réussite
Le monarque admiré
Dans l'eau vient se mirer

Au bord de la Tamise
Voici le bleu de mise
Westminster à son tour
Y reflète ses tours

Tout Londres se renverse
Dans le fleuve qui berce
La majesté du roi
Qui retrouve ses droits

Une ombre se détache
Une écharpe s'arrache
Et l'Anglais que voilà
Regarde couler sa

Blessure de lumière
Au gré de la rivière
Mais la brume revient
Tout s'embrouille soudain

La ville se redresse
Et l'image en détresse
Du roi qui ne dit mot
Se perd au fond des eaux

Par le temps régicide
Voici le trône vide
Westminster Westminster
L'image qui se perd

M'invite à la noyade
Tant j'ai le cœur malade
De si peu voir mon roi
Qui règne par ma foi

Ah la vision enfuie
Cathédrale engloutie
Dans le fleuve hanté
Où je ferais chanter

Les orgues les plus tristes
Si j'étais l'organiste
Au milieu des vitraux
Et des rosaces d'eau

Qui gardent prisonnières
Mes cinq plaies de lumière
Dans les liens rouillés
De mon rêve embrouillé

Au bord de la Tamise
Où la brume est de mise
Le soleil peut régner
Mais jamais gouverner

LE SOLDAT INCONNU

J'ai cru qu'il suffirait sur la place publique
D'étendre les deux bras comme aiguilles d'horloge
Pour dire aux gens l'heure que je vivais
Mais tout le monde avait sa montre à soi

J'ai cru qu'il suffirait de joindre les deux mains
Au-dessus de ma tête pour me faire
Un arc de triomphe mais personne
N'est venu allumer la flamme sur la tombe
Du Soldat inconnu que toujours je demeure

J'ai cru qu'il suffirait d'un bon lit chaud
Pour attirer toutes les femmes dans mes bras
Et pour me réveiller en berçant des enfants
Hélas mes nuits jamais ne durèrent assez
Pour empêcher les femmes de s'enfuir
Et les enfants de naître loin de moi

J'ai cru qu'il suffirait d'une table accueillante
Pour que mon pain réjouisse un grand nombre d'amis
Mais on me l'a volé pour le manger ailleurs
Et je suis resté seul avec des miettes pour les rats

Ô mon heure mon arc de triomphe
Mes amours et mon pain solitaires
N'y a-t-il que ma mort qui vous reste fidèle

De tout ce que je suis de ma mort même
Ne restera-t-il rien qui puisse faire l'envie
Du Soldat inconnu dont tout le monde
Dont tout le monde au moins sait qu'il est mort

L'ARBRE ET LA VILLE

J'ai travaillé par en dessous
Les fondations les pavés les trottoirs
J'ai battu toits et murs à toutes branches
Mais que peut donc un arbre seul contre la ville

Mon aventure n'a pas mené loin
Et c'est déjà l'impasse de la mort
Après toutes les autres dans l'espace

Sur mon écorce
Je ne vois plus d'amants tailler leurs initiales
Tout le monde passe outre dans l'indifférence
Les curés les putains même les chiens
Il ne me reste plus d'ami qu'un vieux bossu
Dont je gratte le dos pendant qu'il crache autour de moi

Mais si par quelque hasard une vierge venait
Me demander une ombre devenue trop maigre
Peut-être saurais-je ressusciter pour elle
Recommencer mon aventure à pleine forêt
Pour envahir les rues dont on m'avait chassé
Et reprendre la ville à l'étranger

JEUNES DÉLINQUANTS

Ils rêvaient d'une ville en forme de poème
Ils erraient dans la foule des mots-piétons
Cherchant les rimes qui se vendent pour un soir
Amours sans lendemains poèmes culs-de-sac

Leur poésie n'habitait pas les beaux quartiers
Ils la faisaient en flânant dans les sens interdits
Loin des rues-strophes où l'on roule six de front
Loin des mots qu'on écrase et qui meurent
Et surtout loin de la virgule policière

Ils sont tombés dans la prison du dictionnaire
Un soir qu'ils ont tenté de s'emparer
D'une fortune de vers et de rimes
À la pointe d'un pistolet muet

ALBUM D'IMAGES

I

C'est un mariage gris
Un demi-deuil à vie
Qu'ensemble ont contracté
L'éternel fiancé
Et la veuve fidèle

II

Oh le joli folklore
Les couples pittoresques
En habits régionaux
Fêtant leurs souvenirs
Fêtant leurs demi-noces
D'or et de diamant

III

Des couples et des couples dans l'Arche de Noé
Deux par deux attendant le Déluge
À longueur de semaines sans Passion
À longueur de dimanches sans Résurrection

IV

Et voici l'ouvrier de la treizième heure
Le fils posthume des divinités mortes
Le fiancé trop tard venu qui va porter
(Sans robe nuptiale puisqu'on n'en fait plus)
Sa promesse muette d'église en église

POÈME DU TARD VENU

Le tard venu ne trouve pas d'épouse
Mais la mort qui l'attend à la porte

Scellées toutes les destinées imaginables
Occupées toutes les patries
Tous les rôles distribués
Tous les foyers fondés
Et prises les pucelles
Prises toutes sans exception

Il n'y a plus de couturiers
Qui font des robes de mariées
Et toutes les églises
Au sacrement se sont fermées

Le tard venu ne trouve pas d'épouse
Mais la mort qui l'attend à la porte

Ô tard venu
Ne crois pas que ta destinée
Se cache sous un voile noir
Toutes les veuves de la terre
Sont trop fidèles à leurs souvenirs
Ou trop vieilles pour toi

Ô tard venu n'écoute pas Tristan
Car le roi Marc a survécu au roman épuisé
Et si tu viens frapper chez lui ô tard venu
Toi qui ne trouves pas d'épouse sache
Que c'est la mort qui t'ouvrira et non Yseult

DIEU EST MORT
(dixit Nietzsche)

Depuis la mort de Dieu la veuve-éternité
Exige qu'à sa table on jeûne chaque jour
Et la vie tout entière est en état de siège

À d'autres l'Everest les conquêtes polaires
La lune et tous ces beaux empires dans l'espace

Quant à nous
Vieux stratège de l'état de siège
Soyons celui qui veille à la pointe du temps
Conscience de la mort et de l'âge du monde

Soyons le vieux poète qui chante en langue morte
Soyons le guide des musées du ciel et de l'enfer
Des vivants n'acceptons jamais plus de pourboires
Mais prenons les paris du diable ou de l'ange
Sur les excommuniés et les canonisés
De l'Apocalypse et du Jugement dernier

Et si notre destin en vérité se cache
Derrière un voile noir Eh bien qu'il se présente
Alors on nous verra lever l'état de siège
À la minute où calme nous nous coucherons
Dans le lit de la veuve-éternité

JE N'AI PAS PLUS DE VÉRITÉ

Je n'ai pas plus de vérité dans mon pays que dans un autre

Pas plus de vérité à trente ans qu'à vingt ans

Pas plus de vérité dans cette peau trop blanche
Que dans la peau étrange du ressuscité
Qui doit se présenter au jugement dernier

Pas plus de vérité dans le lit des ancêtres
Qu'au berceau encor vide des fils de mes fils

Pas plus de vérité
Avec ma mort trop consciente de ses charmes
Qu'avec ma fille encore ignorante des siens

Pas plus de vérité
Avec la sainte la plus chaste dans sa châsse
Qu'avec la très austère veuve-éternité

Les jours faussent mes jours et les mois et les ans
Ne font qu'allonger l'ombre vague que je suis
Et dans le temple profané du temps passé
Mon souvenir lampe votive éclaire mal
Le dieu absent de ma chapelle de mémoire

LA MORTE DES QUATRE JEUDIS

Ce sont les cavaliers de notre Apocalypse
Qui avaient revêtu leurs habits du dimanche
Pour visiter l'épouse des quatre jeudis
Pour partager son mal en partageant son lit
Et recevoir la mort pour toute récompense

Ce sont les cavaliers de notre Apocalypse
Qui sont ressuscités en habits du dimanche
Pour visiter la veuve des quatre jeudis
Et fêter avec elle un retour d'âge d'or

À quatre ils l'ont tuée pour répandre son sang
Dont ils ont maculé leurs habits du dimanche
Dont ils ont tatoué les os de leurs squelettes
Et d'un coup de tonnerre désarticulé
Ils ont éperonné leurs montures volées
Pour disparaître avec la clé du grand mystère
De la morte des quatre jeudis

LES CŒURS DES VIEILLES FILLES

Les cœurs des vieilles filles mortes sans amour
Se sont remis à battre un dimanche de Pâques
Et reprenant leurs derniers râles pour mesure
Parvinrent à tirer de leurs violons-cercueils
Un chant d'adieu si séduisant si provoquant
Que tous les hommes de la terre en l'entendant
Se sont donné la mort pour racheter plus vite
Les cœurs des vieilles filles mortes sans amour

LE TEMPS BÈGUE
(nouvelle parabole du temps en guerre civile)

Le soleil avance par coups saccadés
Et crache la lumière comme un malade
L'orage va et vient la pluie cesse et reprend
Le chaud le froid alternent brusquement

Règne la fièvre qui fait bégayer le temps
Et frissonnent frissonnent partout sur la terre
Les plaines les cours d'eau les chaînes de montagnes
Frissonnent les fuseaux horaires
Frissonnent les frontières
Les murailles de Chine et les rideaux de fer
Et de chaque côté frissonnent les soldats
Qui craignent le combat car le temps qui commande
Bégaie et ne sait plus faire marquer le pas

Des salves et des salves de rires nerveux
Font s'écrouler les pierres des châteaux austères
Et de ces maisons sages au bord de la route
Celle qui mène à l'étranger à l'inconnu
Et mes jambes vacillent au bord d'un abîme
Et s'effondrent les pierres et les os
Et le squelette du langage tout entier
En un chaos de syllabes défaites

Personne n'est vainqueur sur ce champ de bataille
Partout gisent des choses qui n'ont plus de nom
Car on n'a plus pour les identifier
Que des mots étranglés
Des mots décapités
Des mots électrocutés
D'un seul hoquet de foudre ou de soleil
Du beau du mauvais temps
Qu'il fait à contretemps
Quand on ne s'entend plus assez
Ni pour s'aimer ni pour se battre

Ici gît le langage assassiné
Ici viennent prier de vieilles folles
Qui s'accrochent au bras des poètes muets

Ici gît le langage assassiné
Aucun nom n'est gravé sur la pierre tombale
Mais elle est pleine de lézardes qui racontent
Cette fièvre qui fit bégayer notre temps

VIVE LA VIE VIVE LA MORT

Vive la vie vive la mort
Vive leur compagnie

La nonchalante au coin des rues
La mort qui fait le pied de grue
Qui dit chéri à tout venant à tout passant
Marchande d'agonie
À l'heure ou à la nuit
Pour le prix de ta vie

Vive la vie vive la mort
Vive leur compagnie

L'exigeante à la pointe du cœur
La mort qui sollicite ton ardeur
Qui te va comme un gant
Que tu ne retireras point
Ni tout à l'heure ni demain
Sauf au prix de ta vie

Vive la vie vive la mort
Vive leur compagnie

La douce la fidèle la constante
La mort qui patiemment t'enfante
Qui pour te mettre à l'autre monde
Se colle à toi sans bruit
Se fait ombre et te suit
Jusqu'au bout de ta nuit
Car son prix c'est ta vie

Vive la vie vive la mort
Vive leur compagnie

NAVACELLES

Toi seule âme qui vive
D'un village qui presque rend l'âme
Au fond du cirque de Navacelles
Toi le pâtre perdu
Dans le nombre de tes années
De tes moutons de tes silences
Et de tous ces vieux cailloux trop connus

C'est toi qui nous indiques
D'un coup de gourdin sec
Notre route la seule possible
Notre route là
Toute notre route à perdre
Au creux du cirque de Navacelles
Au creux de la paume de pierre
Qui se refermera
Au bout de notre route
Pour te laisser tout seul
Et seule âme qui vive
Au fond du cirque de Navacelles

CUISINES

Jeune et jolie servante
Qui preste nous présente
Tes plats du jour avec le pain sorti du four
Tous les plaisirs de bouche et le vin de l'amour
Nous finirons à table
Chez l'ange ou le diable
D'un verre à l'autre nous aurons le même sort
Nous passerons de l'eau-de-vie à l'eau-de-mort
Et cette faim en somme
Commune à tous les hommes
Nous fera tous asseoir à ce dernier repas
Qui se prend sans fourchette sans nappe et sans plat
Et qu'on sert sans manières
Chez la mort cuisinière

LE LONG D'UN FLEUVE

Le long d'un fleuve qui s'appelle
Seine Tamise ou Saint-Laurent
Tibre Vistule ou Moskova
Je marche sans arrêt envieux des navires
Qui savent que ce fleuve les mène à bon port

Sous tous ses noms c'est le même qui coule
En toutes langues le même qui parle
Et des eaux sous les glaces le même silence

Porteur de fièvre ou de santé
Porteur de blé ou de déchets
C'est le même où je fais ricocher
Les cailloux plats des mots sans résonances

Je bénis les pilotes quand ils sont poètes
Quand ils s'enivrent jusqu'à ne plus voir l'étoile
Que dans leurs cœurs où ils la font ressusciter
Pour qu'elle guide leurs rêves jusqu'au matin

Je bénis ces pilotes et les hâle à regret
Car je suis le poète du vent quand il tombe
Du vent quand il ne souffle plus dans la voilure
Et quand il faut donner la mesure aux rameurs

Je leur scande les noms du fleuve qu'ils remontent
Et leur chante en leurs langues le chant du grand port
Où l'on va jeter l'ancre et le corps qui vieillit
Au bout du câble de sa vie au bout du fleuve

TROIS-MÂTS

Je l'ai lancé tout bas sur la mer assoupie
Mon mot à trois syllabes mon trois-mâts fantôme
Et le matin comme des vagues mille lèvres
Répétèrent mon mot pour en remplir la mer

NE PARLE PLUS À DEMI-MOT

Ah je t'en prie ne parle plus à demi-mot
Car c'est ceux-là que la mort fauche à tout jamais
Laisse ton demi-deuil laisse ta demi-noce
Et ne demande plus à la cloche fêlée
D'annoncer la naissance de ceux que tu aimes

Mais que toutes les cloches de tous tes poèmes
Aient un mot pour battant que l'univers entende
Un mot qui saute cette vie qui passe
Un mot qui danse d'une vie à l'autre
Un mot de passe alerte qui file sa vie
Qui passe les aiguilles des clochers du monde
Et réveille de ses échos l'âme brisée
Des cloches vierges que la mort a violées

LES BELLES AU BOIS DORMANT
(sur une présentation de débutantes à la reine)

Ô fraîches débutantes
D'une saison galante

Je vois l'image en filigrane sur vos traits
De ceux dont la mort tire le dernier portrait

Cadavres de tous âges
Comme vous à la page

Dans leur tenue de la dernière rigueur
Selon le protocole du temps embaumeur

Et âmes débutantes
Au libera qu'on chante…

Jeunes filles qui dansez jusqu'au petit jour
Insouciantes de ceux qui sont au dernier jour

D'une vie partenaire
De la mort sans manières

Vous qui feriez tapisserie si par malheur
La mort au bal venait enlever vos danseurs

Vous êtes, débutantes
Les âmes que je chante

Au petit jour qui vient vous dire qu'il est tard
Et qu'il faudra rentrer peut-être en corbillard

Afin qu'on vous présente
À la seule régnante

Qui refoule le Verbe à son commencement
Et me commande ce poème-enterrement
Belles âmes pour votre accueil au bois dormant

LE COMBAT AVEC LE SILENCE

I

Sera-ce le silence ou moi qui finirons
Dans la prison de ce poème
Sera-ce le silence ou moi qui subirons
La torture de ce poème
Sera-ce le silence ou moi qu'on soumettra
À la justice de ce poème

Il y a si longtemps si longtemps que j'ai mis
La tête du silence à prix de poésie
Et si longtemps que j'ai offert
Trente pièces de vers
Au Judas qui me la livrerait

Mais il n'est de Judas
Que pour trahir le Verbe
Et le silence continue
À prix de poésie perdue

II

Si le silence m'échappe
Et laisse vide mon poème
Si le silence récuse
Le jugement de mon poème
Si l'hérétique se laisse

Brûler au feu de mon poème
Jusqu'à consommation du dernier vers
Pour renaître des cendres de mon poème
Si le silence me renvoie l'écho
Le triste écho de mon orthodoxie
Dois-je poursuivre ce poème
Jusqu'au vain témoignage du dernier soupir

III

J'ai offert au silence
Le combat singulier
En lui laissant le choix des armes

Il ne m'a pas envoyé ses seconds
Mais ses espions qui tiennent en alerte
Mes poèmes-sentinelles

Les siennes sont les armes de la mort
Les miennes sont les armes de mémoire
Que je transmets à ceux qui me survivent

IV

Ah ne m'abandonnez pas à mon sort
Ne laissez pas mon âme dans la mort
Seule avec les décombres du poème
Qu'envahit la jungle destructrice
Des langues mortes sans mémoire rédemptrice

V

La poésie est en état de siège
Et le Verbe lui-même s'est laissé prendre au piège

Les poètes martyrs
En rendant le dernier soupir
(Par désespoir de n'avoir pu venger
Les beaux cygnes tués avant d'avoir chanté)
Refont la mort en mémoire de sa mort
Refont la mort à perte d'exemplaires
Dans l'abandon final de tous leurs droits d'auteur
Sur leurs cadavres sur leurs âmes
Épines résorbées sur la tige du temps
Retournant à la terre
Retournant à l'histoire de la terre
Pour préparer dans la mort
La parfaite ressuscitée
La rose-éternité
Le poème au-delà du silence

PAR CHARME DE MÉMOIRE

Ô cher corps de silence
Qui retient son dernier soupir
Ô forme froide et nue
Sous la robe longue de ma mémoire
Je t'aime et de tout mon amour
Je fais corps avec ton silence
Pour te vêtir de souvenirs

Dans ta demeure abandonnée
Aux meubles sages à leurs places
Comme les mots d'un poème oublié
Je te retrouve en faisant l'inventaire
Des formes infinies de ton silence

Je fais le mot à mot du mobilier
Et je retrouve le poème entier
Je retrouve tes os bien sages à leurs places
Et le silence me cède la sienne
Que je prends pour t'aimer
Parmi les meubles endormis...

Or voici que par charme de mémoire
(Ô mémoire ma fée en robe à longue traîne)
Voici que le poème ressuscite un conte
Et que les meubles y reprennent forme d'arbres
Et voici que le lit où je voyais ma mère
Est le lit d'un ruisseau figé au bois dormant
Et la poussière et les vieux os qui le recouvrent
Ne sont que mousse et que bois mort de mon enfance
À l'ombre de ma mère et à l'ombre des belles
Que je ne verrai plus qu'en robe de mémoire
Aux longs plis de silence ajourés de poèmes

LE RETOUR D'ŒDIPE

1962

LA DÉDICACE

À la terre natale où repose ma mère
Sous la dalle d'une basilique de glace,
Au milieu de sépulcres blanchis
Dans les neiges d'un hiver pharisien.

À la terre natale où repose ma mère
Entourée de timides Lazares
Écrasés de soleil dans l'été publicain.

À la terre natale où la mort sut deux langues
Pour accueillir ma mère qui n'en parlait qu'une.

LA PROPOSITION

Te définir, terre natale
Malgré les remous étourdis d'un fleuve
Qui se dépense dans le temps,
Se gaspille dans l'océan
Et se laisse saisir par l'hiver.

Pourtant, ce n'est pas lui qui te vide
Sous l'œil impitoyable de l'été,
Mais c'est le froid qu'il fait à crâne fendre
Quand cœur de pierre et cœur de chêne sourds,
Sous l'aile terreuse figée,
Sous l'aile ligneuse crispée,
Couvent leur feu si longtemps dans l'hiver
Que la plus faible, la plus basse, la plus brève
Flamme dansant aux vitres d'un palais de glace
Est illusion de vie plus émouvante
Que réelle étincelle jaillie d'une hache.

Les bûcherons qui sont venus s'en sont allés.
Paraissent les poètes
En désordre de tombes ouvertes,
De pierres renversées et d'arbres arrachés !
Paraissent les poètes
En débâcle de glaces
Et de silences éclatés !
Paraissent les poètes
Pour nommer l'exilé dont le retour s'annonce,
Dont le navire au tirant d'eau irrésistible
Assagira le fleuve et, tout l'été,
Le maintiendra dans son lit qui sera le tien !

À tes pieds mouillera le navire.
Tu ne seras plus seule.
Tu te revêtiras de mousse et d'algues
Et tu verras une pêche miraculeuse,
Car les poissons seront fascinés
Par un feu tiré de ta pierre
Qui dansera sur toute vague,
Autour de toute barque.

Et tu seras heureuse quand se répandront,
Très loin de ton seul lieu désormais défini,
La rumeur de tes eaux, la lueur de ton feu.
Et l'étranger ne viendra plus pour te vider,
Pour t'assécher ou te voler ton feu,
Pour épuiser tes eaux, ne laissant que cailloux
Dans le filet du temps pourrissant au soleil.
Et les corbeaux ne tireront plus sur ses mailles.

Ta mémoire ne traînera plus dans sa rouille
Et n'amassera plus poussière indéchiffrable.
Elle deviendra rythme dans le fleuve,
Pulsation dans la veine de la pierre,
Et mystérieux appel d'une veuve des neiges
Morte dans les liens de son mariage blanc
Pour attirer les scaphandriers du silence
Au secret du poème à reprendre sans fin.

LE POÈME

Mon pays n'était pas celui de la colombe.
Ce n'était même pas le pays du corbeau.
Et l'histoire passait au large de nos côtes
Sans descendre de l'Arche de Noé.

À tous les ports l'hiver niait la liberté.
Mon pays était un musée de glace,
Un musée du déluge saisi par le froid.

Le quotidien opaque d'une mer à l'autre
Abolissait les droits d'hier et de demain :
Créon, usurpateur des domaines du temps,
Instituait le lieu de la mort anonyme
Et décrétait la sépulture de l'oubli
Par l'embâcle du fleuve de mémoire.

Mais dans les catacombes de l'hiver,
À Québec la rebelle, Antigone
Entretenait le scandale du souvenir.
Elle appuyait ses mains gelées
Sur les sarcophages de glace
Pour y sculpter des masques mortuaires
À la seule chaleur de son souffle obstiné.
Elle palpait les murs, elle guettait
Les passages possibles de l'eau vive
Qui demeuraient toujours des passages secrets...

À Québec la rebelle, Antigone
Nous montrait l'hydre quotidienne à vaincre,
La semaine à décapiter sept fois,
Les langues des saisons à délier,
Les pages à couper dans un livre interdit.

Elle parlait du brise-glace de mémoire
À lancer sur la mort encore virginale
Par la trouée radieuse d'un matin de Pâques
Afin d'ouvrir aux flots amers de l'océan
Le ventre du pays et les rives des filles.

À Québec la rebelle, Antigone
Nous parlait d'un assaut de mémoire à donner,
D'un ultime assaut pour renverser Créon
Et ses statues armées sur leurs socles de glace.
Mémoire, hélas, était sujette à la censure
Depuis l'ineffaçable dix-sept cent soixante,
Décharge trop subite d'histoire étrangère
Et déception de premières amours.
Ah la saison brutale dans le lit du fleuve,
Et ce viol insouciant de nos reines de Mai
Qui prêtèrent leurs fronts aux couronnes d'ailleurs
En cachant leur vertu dans le plus chaste oubli !

À bout d'espoirs conscrits, de rêves confisqués,
Depuis l'ineffaçable dix-sept cent soixante,
Nous nous laissions glisser dans un trou de mémoire
Au bord duquel nos prêtres se penchaient
Pour nous apprendre à vivre à l'ombre des clochers.

Ainsi grandissaient nos églises,
Tours solitaires sur blasons flétris,
Phares d'une légende à la dérive,
Veilleuses de notre âme et glas de notre joie,
Faucons myopes au poing de Midi
Qui prétendait chasser le plus vague horizon
Dans l'humiliation d'un cilice de brumes.

Mais dans les cimetières, à l'ombre des clochers,
La mort, un jour, cessa d'être anonyme
Et m'apprit l'alphabet sur les pierres tombales.
J'acquis à mon insu l'âme d'un fossoyeur
En me creusant de minuscules tombes
Où j'inhumais de tout petits Adams
Tout en rêvant de vastes nécropoles
Où faire des travaux d'exhumation
Et d'amples transfusions de temps
Pour niveler les souvenirs des peuples
Dans la fosse commune de mémoire.

Car dans les grandes métropoles du silence,
Moi l'humble fossoyeur d'un peuple-cendrillon,
J'enviais les aristocrates de la mort
Et soupirais auprès de mes fours crématoires.

Dans les brumes de Tintagel et d'Elseneur
J'enviais les fantômes de Tristan et d'Hamlet.
En Armorique j'enviais les mégalithes.
J'enviais en Asie, j'enviais en Europe
Les effigies et les gisants, les croix et les croissants :
Fontevrault où reposent les Plantagenêts,
Gour-Emir où Timour sommeille à Samarcande…
Mais que me servait d'invoquer les grands défunts,
Car, si j'avais appris à défier Créon
Et si la mort avait cessé d'être anonyme,
Je n'avais guère encor libéré que des ombres
Que ni moi ni personne n'osait réclamer.
L'hiver chiffrait toujours ce que je défrichais.
L'hiver tenait toujours la vie confidentielle.

Ombre parmi tant d'ombres à Québec,
Ombre parmi les plis des voiles de Jocaste,
Ombre inconsciente de l'ombre d'Œdipe
En exil de mémoire au fond des yeux aveugles —
Je me cachai à l'ombre de la croix
De tous les rois de ce monde et de l'autre
Pour éviter l'atteinte de l'ombre du Sphinx.

À ce jeu d'ombres la mort seule était gagnante
Jusqu'au jour où le Sphinx aux portes de la ville
Me montra sur sa joue le temps défiguré
Et me posa l'énigme dont le mot ouvrait
Les siècles enneigés sur les rives du fleuve,
L'énigme de ce film toujours soumis
À la censure immémoriale de la mort,
L'énigme d'une glace merveilleuse
À rendre clairvoyante la mémoire,

L'énigme de l'incestueuse vérité
Et du trouble secret de la mère patrie,
L'énigme des liens de ce mariage blanc
Dont patiemment souffrait une veuve sans âge
Que n'avait point flétrie un séculaire oubli.

Toute cette œuvre et cette veuve dans la ville
Attendaient l'homme exempt de souvenirs,
Dont l'exacte coïncidence avec le jour
Réparerait le temps dans sa chaste mémoire
Pour lever la censure de mort et d'oubli.

Et moi, je me troublais. Je protestais
Que ma mémoire était bâtarde plus que chaste,
Puisque j'avais grandi en marge de l'histoire.
Quelle pucelle Jeanne me confirmerait
Dans cette vie vécue à contretemps ?
Dans cette messe chantée à l'envers ?
Dans cette nostalgie du pain et du vin ?
Dans cet anti-credo qui malgré moi
Du fond de ma faiblesse était seule prière
Que pouvait me tirer un ciel de peu de foi ?

Je ne crois pas en moi, fils impuissant
Qui ai raté toutes choses visibles et invisibles,
Qui ai raté le ciel à force d'y rêver,
Qui ai raté la terre à force de la chercher.

Je ne crois plus qu'au verbe que je mets en vers,
Vers de la terre,
Ténèbres de Ténèbres,
Vrais vers de la vraie terre.
Je crois au verbe conçu par l'esprit tourmenté,
Né de la vierge et folle image
Et qui s'est fait squelette ;
Qui a souffert sous la langue étrangère,
A été crucifié au mont Royal,
Est mort dans la chute du poème
Et a été enseveli dans la mémoire ;
Qui est ressuscité le troisième jour,
Est remonté sur la page
Et s'est inscrit à gauche dans la marge,
D'où il viendra juger les bruits et les silences.

Je crois à l'esprit tourmenté
Né des disputes du père et du fils
Et qu'on enferme encore avec père et fils
Dans un pauvre temple de province.
J'attends la punition des bonnes intentions,
La rechute du poème,
La désarticulation des mots
Et la contraception du temps perdu
Dont la menace pèse sur ma survivance.

Ainsi n'en soit-il pas !

Je protestais encore que le temps,
Le bègue, le boiteux, l'incorrigible temps
Avait ici la langue longue et là, la langue courte ;
Qu'entre les heures-cendrillons d'ici
Et les plus riches heures de là-bas
Nul sablier ne savait être l'interprète :
Ici, tête de blé, d'orge sous la rosée,
Et là, tête crépue, tête de nuit touffue,
Ne rêvaient pas le même rêve et sur le front d'autrui
Je ne voyais personne lire entre les rides
Un poème semblable à celui qu'il portait.
Je disais que le temps avait mauvaises têtes
Et que le seul sommeil pouvait les réunir.
Je disais qu'il était plage, fjord, falaise,
Et que pouvait prétendre à tout ce qu'il était
La seule étreinte de la mer ou des ténèbres.

Je protestais qu'il était mâle et qu'il était femelle
Et que j'en avais mal par toute femme au monde
Qui aggravait en moi le souvenir d'Adam.

Je ne me sentais pas capable d'affronter
Cette torture qu'on inflige à la mémoire
Aux carrefours du temps déboussolé ;
Cette amnésie au bout de la danse macabre
Dans le vortex d'un absolu stérile ;
Cette catalepsie et ce vertige
D'être coupable du silence de Québec
Dans les derniers retranchements de la morale,
Dans les derniers vacillements des cierges tristes,
Dans les dernières hésitations des vierges ivres
Qui s'épuisent devant des tabernacles vides
Et succombent en caressant l'icône abstraite
D'une jeunesse que les dieux n'ont point tentée.

Je protestais
Qu'à l'âge d'homme j'avais nom de Lot,
Car ma jeunesse était statue de sel
Et captive des séductions dont j'étais veuf,
Comme de toutes ces beautés dont l'inconscience
Avait trouvé refuge aux châteaux des Rois Marcs
Et, par mensonge de noces crépusculaires,
Par supercherie de virginité d'emprunt,
Faisaient suinter les pierres ancestrales,
Les vieux bénitiers secs des chambres nuptiales,
Puis, couronnaient leur œuvre d'impudeur sacrée
D'une assomption diabolique aux ciels de lit
Qu'éclairait le feu bas de leur honte apaisée.

Belles aux bois dormants de ma jeunesse morte,
Débutantes beautés de mon pays sans âge,
Matinales beautés détournées de Midi,
Femmes rêvées aux couleurs floues de mon pays,
Femmes rêvées aux couleurs embrouillées du monde,

Aurais-je donc perdu le pouvoir d'éclairer
Vos ombres que je garde en négatif,
En très pudique pellicule de mémoire
À l'heure solitaire de Midi?

Auriez-vous condamné mon fantôme à l'Europe
Où j'erre comme un revenant du Nouveau Monde,
Lamentable Tristan cherchant ma Dame en vain
Sous les voûtes de toutes les Notre-Dame?

Mais le Sphinx insistait et son silence
Qui lapait mon pays dans ses ruines futures,
Plus que le verbe troublait le silence.
Son énigme gourmande comme un cancer,
Son énigme qui attisait mes nerfs,
Qui distillait l'alcool de mes défaites
Pour le diffuser dans mes veines,
M'exorbitait les yeux pour les rouler
Sur tapis vert comme billes ou dés.

Elle bouleversait l'algèbre de ma vie.
Elle multipliait ces quelques inconnues
Auxquelles je m'étais habitué
Au milieu des miroirs déformants de la mort
Où me hantaient Québec et ses ruines futures.

Et devant l'insistance du Sphinx
Je devenais chimie incohérente,
Chaîne d'éléments en fusion,
Cotte de souvenirs démaillés.

Bouillonnement de réflexes en déroute
Au milieu d'une masse cancéreuse
Dont la vie inconnue tuait la vie connue.

À bout d'orgueil impécunieux et de jeunesse,
Mon corps réduit au seul instinct de la matière,
Vivant au rythme résigné du minerai,
Obéissait aux magnétiques volontés des Pôles.

Aux portes de la ville que gardait le Sphinx,
Je dérivais entre naissance et mort,
Amassant mousse et poussière d'exil.

Terre d'exil est déjà commencée.
Elle est faite d'infinies alluvions
Sur les bords de la terre natale
Toujours plus difficile à définir.

Un banc de sable embarre le vieux port.
Des barques couchées dorment au soleil
Comme des chiens sur le parvis
D'une église abandonnée.

Cloches de port, cloches d'églises coiffent
Un silence de prêtre et de pilote à la retraite.

Terre d'exil est sans naissance :
Quel enfant, quelle barque y baptiserait-on ?
Terre d'exil est sans amour :

Quelle noce y fêterait-on ?
Terre d'exil est sans obsèques :
Quelle levée de corps y chanterait-on ?

À bout d'orgueil impécunieux et de jeunesse,
J'étais celui qui attendait dans la coulisse
Pendant l'interminable entracte de la vie.
Et le rideau était pourtant levé,
Les spectateurs tous à leurs places,
Mais je n'entendais pas le souffleur
Car dans sa boîte il n'y avait qu'un crâne
Qui mâchait le silence au milieu
Du décor baroque de la mort.

C'est qu'on jouait la Pâques en comédie,
En jeu d'ombres sur envers de décor.

Quel était ce fantôme, les deux bras en croix?
Quelle était cette croix qui le portait?
Ah ce n'était qu'une station de ce calvaire
Où je gardais toujours conscience d'exil,
D'absence autour de moi tout le long du voyage.
Golgotha m'attendait sur la terre natale,
La seule qui collait à mes semelles
Et me faisait trébucher avec la croix.
Aussitôt relevé, aussitôt martelé
De mots que je ne comprenais pas,
De mots qui m'enfonçaient dans la terre natale,
Corps et croix ne faisant plus qu'un
Avec la terre et dans la terre disparus
À l'envers du décor baroque de la mort.

J'étais la mort — conscience du pays,
Et des vivants qui se détournaient en passant
J'agitais, je troublais les cœurs bien endurcis
Pour que leurs battements lapident ma mémoire.

Je croyais bien ne plus avoir qu'un nom d'emprunt
À peine convenable sur pierre tombale
Pour quelque envoi de fleurs fanées, de messes grises

À la poste restante du cimetière,
Quand de ma bière se leva la plus que belle
Prête à porter mon nom pour me le redonner.

Ma vie alors devint une longue ambassade
Dans le pays de l'autre sexe,
Dans le pays tiré du flanc de l'homme,
Dans le pays du tout premier exil
Et du premier déracinement ;
Dans le pays qui saigne, souffre, pleure
Et qui consent aux servitudes temporelles
Pour transformer parfois une tombe en berceau.

Les premiers temps ce fut peut-être complaisance,
Contrefaçons d'amour, contrefaçons de mort,
Car nous faisions au fond comme bien d'autres,
Cherchant réponse à deux au silence du Sphinx,
Notre exil agrandi aux dimensions du monde.

Et je me demandais alors souvent
À quoi bon posséder six langues étrangères
Et monter six étages dans Babel
Quand j'ignorais les mots que mon cœur voulait dire

À celle qui suivait sans savoir où j'allais.
Sa main sur mon épaule ignorait tout de moi.
Pour elle je n'étais qu'un lendemain sans nom
Qu'il lui fallait apprivoiser sur le lit de la veille

Où la flamme qui guidait nos corps sans espoir
N'éclairait de chemin que celui du retour
Aux souvenirs qu'enfantait chaque nuit d'amour.

Peu à peu nous nous sommes greffés l'un sur l'autre
Et peu à peu nous nous sommes enrichis
Par la mise en commun de nos mendicités.
Car nous étions comme sébiles vides
Et nous nous sommes l'un de l'autre fait l'aumône
Pour commuer la peine du premier exil.

Te souviens-tu, parfois ma jalousie
T'emprisonnait dans l'immaculée conception
Et j'essayais de te revoir vierge comme à douze ans,
Mais avec le secret de l'homme en toi compris.
J'aurais voulu percer le Dogme sans rompre l'hymen,
Lire ton livre sans couper les pages
De nul sang, de nul temps écoulé,
Le poème-amertume d'être né
Inconsolable sous les cicatrices de l'amour,
Invisible à travers la page immaculée,
Illisible sinon sur l'écran de la mort,
Le poème du temps blessé dans ses entrailles
Afin de mettre à l'autre monde mon poème.

Avec toi j'ai mimé les gestes paternels
Pour retrouver un peu ce que je n'étais plus,
Pour atteindre la source des choses,
Le verbe qui échappe à sa définition
(Qui ne le retenait que tant qu'elle était vierge),
Le verbe maintenant qui sur la langue
Brûle la bouche au feu abstrait de survivance.

Te souviens-tu, parfois ma jalousie
Perchait comme un corbeau sur ton épaule nue.
C'était hantise de la mort, seule rivale,
Qui me faisait confondre tous les sacrements :
Nous étions baptisés, mariés, ordonnés,
Nous étions confirmés, confessés, communiés,
Et pourtant tout avait saveur d'extrême-onction.
J'en fondais presque une secte nouvelle
Quand un enfant vint démêler ma liturgie.

Mais la censure s'acharna sur notre amour,
Nous refusa les cloches au baptême,
Braqua nos souvenirs sur tes seules douleurs
Pour l'un de l'autre nous bannir, nous envoyer,
Forçats de la famille, au bagne de l'enfance.

Barbara, Barbara, ne fut-ce pas ainsi
Qu'en neuf mois tu compris les pauvres que nous sommes ?

Préféras-tu que nous glissions dans les bras l'un de l'autre
Vers je ne sais plus quel divorce originel
En priant que les laves d'un nouveau Vésuve
Viennent plus tôt nous prendre dans l'acte d'amour ?
Ou que, par désespoir de n'être point prophètes,
Nous tentions de tirer des mots une colère
À soulever, à refouler le fleuve jusqu'aux sources,
Une colère de mémoire à la traite impayée
Quand la crise à Québec dévaluait le souvenir,
Une colère à secouer l'arbre de peu de science
Que tolérait l'aveugle suffrage du peuple ?

L'heure, hélas, n'était plus à revenir aux sources,
À remonter jusqu'aux ancêtres,
À redire la messe à l'envers,
À sauter les autels, à souffler la lumière,
À rendre le premier soupir.
L'heure, hélas, n'était plus à la seule mémoire
Tournée vers un passé impossible à mirer.
L'heure exigeait plutôt la mémoire-vigie,
La mémoire à la pointe du temps,
Et celle-là surtout que l'amour appelait
Depuis que l'homme naît mâle et femelle :
La mémoire du sexe en essentiel veuvage,
Mémoire d'Ève ou de la veuve-éternité
Qui attend son salut et ses secondes noces
Du temps que lui mesurera
D'un pas de marche nuptiale
Le grand cortège des ressuscités.

Mais qu'Œdipe d'abord quitte sa croix d'exil
Et laisse sur les leurs ces veuves de toujours !
Qu'Œdipe enfin se nomme et libère la ville !
Qu'il lève la main morte des heures stériles
Et la censure qui ferme nos frontières !
Qu'il termine le séculaire état de siège !

Qu'il ruine le prestige des voiles de Jocaste !
Qu'il assume l'incestueuse vérité
Dont le cancer s'est répandu de par la ville !
Qu'Œdipe en moi se nomme et lève l'interdit
Pour que le Sphinx ne rôde plus sous les murs de Québec !
....

Œdipe se nomma et son nom, résonnant
Dans la conscience d'un nombre infini de mères,
Fut comme un glas d'aucun clocher connu.
Jamais la liberté ne fit tant d'orphelins,
Jamais on ne vit tant de fécondes défuntes,
Tant de berceaux près de tant de tombeaux,
Si bien qu'entre les mains des prêtres débordés
Se mélangeait l'eau baptismale aux saintes huiles.

J'avais pourtant prié pour qu'on ouvre la ville
Avec une autre clef que celle de la mort.
Mais le pays était comme une fille mère
Que deux siècles durant Mort avait engrossée
D'un amour à la fin qu'il fallait exhaler.

Mortes de peur en ceintures de chasteté,
Se disant Danaïdes, nos reines de Mai
Criaient leurs souvenirs de dix-sept cent soixante !
Mais trop tard, tristes vierges ! Le seul écho d'un nom
Avait suffi à déflorer leur chaste oubli.

Qu'il était sec au temps du règne de Créon
Et qu'il était pourri, l'arbre de peu de science,
Sur la rive d'un fleuve annulé par les glaces,
Et dans l'âme d'un peuple endetté jusqu'aux os,
D'un peuple rançonné jusqu'au silence
Par un pirate borgne à la jambe de bois
Qui lui passait un verbe acquis en contrebande.

Qu'il était sec au temps du Sphinx défiguré
Et qu'il était pourri, l'arbre de peu de science,
Sur la rive d'un fleuve aujourd'hui franchissable
Depuis qu'en deuil à la limite de l'hiver
Œdipe a commencé son règne en noir sur blanc.

Qu'il était sec sous un nuage d'eau bénite
Et qu'il était pourri, l'arbre de peu de science
Qui se mire dans l'eau du fleuve enfin franchi
Sous l'œil inoffensif du Sphinx apprivoisé
Par le poète en deuil qui répare le temps —
La mort enfin réduite à l'ombre de Tristan,
A cette empreinte simplement des pas sur terre,
De tous nos pas qu'efface pour les emporter
La traîne de la robe longue de mémoire.

La Beauté dans l'aveugle silence cloîtrée,
À vigile vouée, à éclipse promise
Au creux des plis les plus secrets de ce poème,
La Beauté n'est qu'un seuil, Barbara, mon amour,
Ô ma veuve d'hier, mon épouse aujourd'hui !
Mais dans la robe sans couture de mémoire,
Tu mouleras tes formes de terre natale
Et son ample décolleté de jour
À profonde échancrure de Midi
Révélera ta gorge de terre promise
Quand ton image hier encor décomposée,
Fragmentée par les jeux de miroirs de la mort,
S'allongera sur les dernières glaces
Avant de se fondre dans l'avenir des eaux.

Et tu vivras dans l'octave de la Beauté,
Fêtée par le cortège de ses survivants,
Ses protestants qui l'ont priée sans la connaître,
Ses pénitents qui en ont fait si long carême,
Ses revenants des catacombes de l'hiver,
Ses fidèles qui sortent de leur Sibérie ;
Et tous ses fous, ses criminels, ses prolétaires,
Ses malades, ses orphelins et ses vieillards
Pour qui le souvenir a cessé d'être un alibi.
Ils sortent des Saint-Jean-de-Dieu,
Des Bordeaux, des taudis, des hôtels-Dieu,
Des crèches et des hospices du souvenir
D'où Mémoire les a rappelés.

Mémoire ouvre leurs mains gelées, leurs mains crispées
Sur un espoir d'hier bloqué à Pâques closes.
Mémoire sous les glaces, sous toute surface,
Mémoire, tain de l'aube ou tache originelle,
Avec sa tare d'infini qui sert à rétablir
L'équilibre du jour dans l'équivoque instant.
Immobile, elle prend la mesure du temps.
Mobile, elle est l'indice de l'Éternité.
Elle est Janus ou l'aigle à deux têtes qui fixe
Soleil levant aussi bien que soleil couchant.
Que lui importe le passé ou l'avenir
Quand leur poids d'infini seul mérite l'arrêt
De sa fête mobile au jour encor désert
Qui peut être le nôtre et se nommer Québec
Si notre feu l'informe et la saisit à l'aube
D'un désir plus profond que le sommeil des morts.

Quant à moi, maintenant que mon poème achève,
Si je dois de mes yeux payer ce nom d'Œdipe
Et traverser l'aveugle silence du cloître,
Qu'Antigone dans l'ombre me donne la main
Et j'irai, dans l'oubli des langues que je parle,
Jusqu'au lieu de nul son et de nulle lumière,
Jusqu'au septième étage d'un contre-Babel,
Vivre en chaste mémoire à contre-souvenir,
Sollicitant d'un septième art à contre-jour,
En éclair d'assomption sur écran d'outre-monde,
Sur écran de désir à renverser les tombes,
La vision d'Ève et de la veuve-éternité
Descendant parmi les statues de lave
Du musée de l'enfer saisi par le néant,
Pour racheter d'un regard encore endeuillé
L'image éteinte de notre divinité.

Londres-Ottawa, 1961

RETOURS

1970

LE RETOUR DE DON QUICHOTTE

Chez les colons du royaume des morts
Qui s'échangent la confession cent fois reprise
Du péché de parole cent fois prise en vain,
Chez ceux qui se font peur et qui faussent leur peur
D'une mort grise et maigre et bien malodorante
En acquittant leurs primes d'assurance-résurrection,
En maquillant leurs morts dans des cercueils de bronze
— Ô défunts gras et roses plus morts que Lazare ! —,
Don Quichotte ressuscité s'amène
Pour leur apprendre la vraie peur qui glace
Et qui fait se cabrer Rossinante
La peur d'amour, mauvais service à Dulcinée,
La peur de fausse poésie et de mauvais silence,
La peur de blasphémer la liberté des morts.
Mais ils sont, Don Quichotte, assurés contre tout,
Contre les revenants et les ressuscités
Contre parole, poème ou chef-d'œuvre.
Ils sont tous assurés, sur la vie, sur la mort
Ils possèdent vérité d'or, prix du silence :
Money is time, exacte contre-religion,
Moyen plus que parfait, arme absolue.
Ils la peuvent, la Toute-Rédemption,
Le rachat du passé, la rançon de demain,
Sans passion, sans croix et sans résurrection.

Don Quichotte alors tonne :
« Amérique funèbre ! Dépouille empaillée !
Épouvantail du verbe qui n'ose toucher terre
Et va se perdre dans la liberté des vents !
Épouvantail de la colombe et du corbeau,
Tu fais peur à Noé, à l'esprit qui te cherche
Mais tu n'épouvanteras jamais Rossinante. »
Et le voilà chargeant leurs moulins à eau,
Leurs centrales hydro-électriques !
Ah, misérable Don Quichotte,
Tu fais peur aux richards, tu fais peur aux grenouilles,
De l'américaine mare aux discours
Où tes paroles tombent comme les cailloux
Que font voler les sabots de Rossinante.

Tu fais peur à la pluie, Don Quichotte.
Tu la gèles et récoltes la neige.
Tu fais peur au soleil qui file à l'Orient.
Au lasso, tu ne prends que la peur.
Tu fais peur à la peur qui n'ose t'alerter,
Qui n'ose t'arrêter de piller le silence
Du far-away, dans le Far West, à Calgary,
Au rodéo-fantôme où hennit Rossinante.

LE RETOUR À L'HIVER
(paysage gothique)

Le froid, la nuit, joignant leurs mains,
Resserrent sur la terre leur étreinte.

Enfonçons-nous dans la nef aux piliers de bois,
Sous le vitrail de plein feuillage encore où chante
La sève exaspérée en sa vive agonie,
Avant que la rosace mouvante au vent ne perde,
Dans les feuilles qui tombent, toutes ses couleurs.

Les branches nues sous le vent
Sont autant de gargouilles qui bougent,
De pinacles tordus
Et de squelettes de statues.
C'est la danse macabre :
Le sacrifice commencé finit en sacrilège ;
Le froid, le vent, la nuit auront tout profané.

Des ombres à genoux,
Des ombres convulsées,
Des ombres torturées
Se confessent au vent sous la lune d'automne
Et les pécheurs qui meurent se résignent
À l'aveugle silence du temple désert,
À cet envol de l'âme de novembre,
À cette errance en pauvreté totale,
À la grande vacance aux Avents incertains.

Alors se dresse enfin la table nue
L'autel de vérité au pain et au vin rares
Et vient l'instant sacramentel
Où le silence aiguise la parole.

Plus saintes en hiver sont les saintes espèces
Et plus solennel le prêtre qui les dispense.
Il ne faut pas mentir à l'homme qui a froid
Ni communier du bout des lèvres en hiver.

RETOUR À ZÉRO

Ma musique aille aux sourds,
Ma poésie aux illettrés,
Ma peinture aux aveugles
Et ma femme aux eunuques!

Là, je m'en suis allé
Danser avec une ombre,
Cultiver un désert
Et caresser la pierre.

Dans le brouillard épais
Qui ouatait la foudre
Et feutrait le tonnerre,
Dans le nuage épais
Qui me cachait les ruines
De ce pays maudit,

Des bergers sans houlettes,
Des moutons aux corps chauves,
Des vaches aux pis maigres,

Des torrents desséchés,
Des récoltes pourries,
Tout un monde sans sexe
Poussait des cris perçants
Dans une langue morte.

Il devenait oiseux
De demander sa route
Quand on savait partout
Le piège du silence,
Ce lieu nul au vent nul,
Et la mort inutile.

C'est pourquoi j'ai repris
Ma musique et mes vers,
Ma peinture et ma femme
(Pièges d'art et d'amour)
Et les ai mis au feu
Des grandes vérités
Devenues hérétiques.

Mais le bûcher abstrait
N'eut rien à consumer
Qu'un blasphème de vie
Jugée par contumace.

J'éteignis mes cinq sens :
Mieux valait être sourd,
Analphabète, aveugle
Et eunuque à jamais !

LE MILLIONNAIRE
(autre retour à zéro)

D'abord, trois femmes, j'ai connu trois femmes
Au premier abord de la vie, de ma vie.
Mais trois femmes, c'est bien peu.
C'est presque rien, presque zéro.
Comme la quatrième était un vrai zéro,
Trois et zéro, vite cela fit trente.
Or, la cinquième étant deux fois zéro, double zéro
Cela fit bien trois mille et gentiment comme ça
J'aligne encore des zéros jusqu'à
Devenir millionnaire en amour…

Ah mais si je savais où se trouvait la décimale,
Et l'animale et la première dans mon lit
Qui me fit mal quand je me sentis mâle
Pour un premier zéro qui me fut l'infini
Et qui jamais ne me fut infidèle.

VOX POPULI, VOX DEI
(ou le retour au silence)

Lorsque l'on voudra bien entendre à l'Assemblée
La harpe au lieu des traductions simultanées ;
Lorsque les députés sauront qu'ils sont élus
À l'honnête majorité de leurs vertus ;
Lorsque les sénateurs dans leurs toges-suaires
N'auront plus le souci d'être protocolaires —
Alors, le démon de parole sera déchu,
Le gentilhomme-huissier à la verge noire sera cocu
Puisqu'on lui aura ôté
Sa Chambre des députés
Et qu'on ne troublera plus
Entre élus
Le silence unanime
Du Parlement sublime.

LE NOM D'ADAM

Il était six heures du matin d'un de ces jours indécis où il ne ferait ni beau, ni mauvais, où tout le monde vaquerait à ses occupations sans faire de drame, où les savants ne feraient pas de découvertes, où les syndicats ne déclencheraient pas de grèves, où les chefs d'État ou d'entreprise ne décideraient rien, où les artistes n'auraient pas d'inspiration du tout, où les journalistes n'auraient pour pâture que le fait le plus divers...

Il était six heures du matin d'un de ces jours de chien écrasé, mais dont l'écrasement datait de la veille et n'avait pas encore été découvert. C'était vraiment stupide. L'écraseur avait trouvé une poubelle à côté du chien et n'avait eu qu'à y fourrer l'animal inerte et les vidangeurs ne passaient que le surlendemain et l'écrasement n'avait pas fait beaucoup de sang de sorte que personne n'avait à s'étonner de la petite tache rouge sur le pavé. D'ailleurs le chien était un chien perdu depuis trois jours qui aurait pu l'être depuis bien plus longtemps, un de ces chiens bâtards qui sont sympathiques à tout le monde c'est-à-dire à personne sauf à leur maître, mais le maître de celui-là venait peut-être de mourir de vieillesse la semaine précédente de sorte que ce chien écrasé disparaissait sans faire de remous dans le quartier.

En somme il était six braves et bonnes heures d'un brave et bon matin qui n'apportait, semblait-il, ni joie, ni peine à personne, mais seulement sa quote-part de travail ou d'oisiveté quotidienne, selon le goût ou le métier d'un chacun.

Je sortis dans la rue au sixième coup. Je n'avais dormi ni bien, ni mal, mais suffisamment, parce qu'étant touriste, j'étais arrivé la veille et m'étais couché assez tôt, à cause de la fatigue du voyage. J'aurais pu attendre le petit déjeuner que l'hôtel servait à sept heures trente. Mais, avoir une heure et demie à perdre avant le petit déjeuner — autant sortir pour tromper l'attente, tromper le temps et tromper la faim qui d'ailleurs ne venait pas. Mais tromper des choses comme ça, c'est ne rien tromper sinon soi-même comme d'ailleurs tout le monde devait se tromper ce jour-là, ce jour indécis, ce jour de chien écrasé de la veille ou de l'avant-veille.

Dans la rue, je faillis tomber à cause d'un chien qui me fila entre les jambes, n'étant pas encore écrasé. Le chien à écraser plus tard s'enfuit et je me ressaisis. Je fis quelques pas dans la rue qui était grise. Pourquoi cette rue grise et sans point de repère ? Ah oui, parce que mon hôtel habituel était complet et que j'avais dû me contenter d'un autre, étant parti en voyage à la dernière minute. Cela sentait un peu la mort, ce voyage de dernière minute, mais à trente ans, ma foi, la pensée de la mort n'accrochait guère. L'odeur, par contre — ce quelque chose d'envahissant qui était plus qu'une odeur et qui, en fait, *inspirait* l'odeur. Bah, un sentiment vague !

Je croisai tout à coup une femme en noir, un missel sous le bras : une veuve sans doute qui allait à la première messe du matin, ou bien une jeune femme en deuil de père ou de mère, car elle était svelte et vive et sa démarche précise et volontaire imprimait comme une direction à suivre en cette heure grise et dépourvue de sens, à moins que ce ne fût le sens du temps à perdre dans cette rue grise. Décidément, faim, mort, deuil ou souvenir de mort, rien ne se voulait invitant à cette heure-là !

Je suivis quand même la jeune veuve ou la jeune orpheline. Elle pressa le pas, s'énerva peut-être et son missel lui tomba des mains. Je me précipitai pour le ramasser et m'aperçus que ce n'était pas un missel mais un porte-monnaie qui en avait la forme et l'apparence, jusqu'au doré sur tranche. Le vent souleva le voile de la jeune femme qui rougit en reprenant son bien et repartit sans qu'un mot ne fût échangé. Mais elle avait rougi, à cette heure grise, dans la rue grise. Un instant sur ce visage, le temps gris s'était enflammé, comme le pavé qu'avait un peu rougi le sang du chien écrasé que l'écraseur avait fourré dans la poubelle.

Aussitôt, il y eut, indéracinable désormais dans ma mémoire, ce souvenir d'une joue empourprée derrière le voile retombé, ce souvenir d'un soleil éclatant par-delà le temps complètement ennuagé, ce souvenir d'une veuve extraordinaire, d'une flamme qui jaillissait vers le ciel mais gainée de fumée noire et d'un soleil qui montait irrésistiblement vers les sommets ou vers midi mais avec son voile ou son nuage ou son passe-montagne ou son passe-midi.

Beauté voilée! Lumière voilée! Veuve intolérablement éblouissante de toute beauté et de toute lumière de beauté de trente-six mille veuves et de trente-six millions de veuves et de trente-six milliards de veuves issues de la seule veuve de toujours et de maintenant : la veuve éternité qui ramenait sur sa joue immortelle son voile banal de noir banal dans la rue banale à la porte banale de Sainte-Banale qui prenait à mes yeux l'allure d'un portail royal de majestueuse cathédrale tout grand ouvert pour une messe nuptiale... pendant qu'au fond de la crypte sépulcrale la jeune veuve, ou la jeune orpheline peut-être, se penchait dévotieusement sur une pierre tombale où ses doigts caressants, comme ceux de nombreuses générations de veuves avant elle, venaient effacer un peu plus aujourd'hui le nom gravé jadis, il y a longtemps, si longtemps que je l'avais presque oublié : LE NOM D'ADAM !

LE RETOUR D'ANDROGYNE

1972

Pour Nadine

I. ÈVE DES SECONDES NOCES

Je suis Ève à la veille des secondes noces,
Ève interdite au seuil du corps nouveau,
Ève surprise dans les ruines du théâtre antique.
Je suis seule sauvée du grand acte tragique,
Mon nom dernier soupir des choreutes morts,
Dernier écho brisé sur les lèvres des masques.

Je suis Ève à la veille des secondes noces.
Je suis Ève seule au teint de vierge noire
Dans le temple vide où se sont tous éteints
Les cierges mâles qui m'avaient brûlée.

Je suis Ève à la veille des secondes noces
Mais je demeure encore
Au fond d'une déserte éternité.
J'ai mes voiles de veuve au bord du cratère muet
Et tous mes vêtements de lave éteinte.
Pourtant ma chair cendreuse couve
Un feu antique à l'affût
De quel Osiris éparpillé dans quel
Monstrueusement mâle chaos
De béton et de fer et d'acier tordus,
Dans quel silence informe
De septième jour de nul seigneur,
Dans quel écroulement d'orgueils
À contretemps dressés
Et brisés à mes pieds
Qu'enlace encore le serpent.

Je suis Ève à la veille des secondes noces
Encor présente au supplice de la contre-croix
Et je n'ai ni apôtre à adopter
Ni saintes femmes à retrouver.
Je suis seule à contre-courant de la quatorzième
À la première station d'un contre-calvaire.
Je remonte le temps
Je corrige le temps
Des premières amours
Et de ma trinité mâle!
Mon père, mon époux, mon fils tous décédés.
Je ne reconnais plus personne.
Je ne parle plus à personne.
Je ne connais plus aucune langue.

Je suis Ève à la veille des secondes noces
Reine au trône renversé
Reine à la marche condamnée
Reine debout entourée de nains
Et d'enfants affairés dans des républiques-jouets.
Reine-mannequin aux mille déguisements
Ève II du désert aux dunes mouvantes de l'amour
Ève II par la grâce du mythe
Debout, errante autour de l'oasis
Attendant qui me donnerait à boire.

Mais qui donc saurait me donner à boire
Autre chose que pleurs salés de mortels
Que refuse mon cœur déjà trop altéré?
Je suis ivre d'absence
Par la faute de tous les hommes
Qui me voulaient putain, prostituée sacrée —
Moi chaque matin plus vierge de m'être donnée à des absents.

Que d'agonies usèrent mes rivages d'amertume !
Que de morts j'ai bercés dans mes bras impuissants !
Me reste-t-il encore intelligence d'amour,
M'en reste-t-il assez pour toi, spectral Œdipe,
Pour rallumer la flamme dans tes yeux éteints ?

Je suis Ève des secondes noces
Celle que tu cherches par-delà l'aventure
Et par-delà la jungle des premières noces
À Angkor Vat ou à Boroboudour
Parmi les pierres désarticulées de l'amour
Dans le temple désordonné d'une histoire
Que tes fouilles ont maladroitement reconstituée
Pour de mon temps passé faire ton temps perdu,
Pour crucifier sur mes bras nus ta mâle trinité
Toi, Père, Fils, Époux d'une autre éternité
Qui s'est lovée au nœud de ma virginité
Qu'aveuglément tu dois enfin vouloir trancher.

Ne te demande pas
Si elle est veuve ou vierge mon éternité
S'il est tendu de noir, s'il est tendu de blanc
Ce grand orphelinat où tu demandes accès
Car je suis seule aussi et délaissée des dieux
Et de ta solitude l'infiniment petit
Sollicite derrière mes voiles l'infini mystère
D'une plus que veuve et d'une plus que vierge.

Toutes nous les savons les routes de l'amour.
Hélas quand tu avais tes yeux, tu ne pouvais
Qu'au-delà deviner mon informe profil
Et tu me recherchais dans la guerre et l'orgueil
Et me changeais en souvenir dans tes défaites.

Il y a tous les morts en moi, cendres sur cendres
Et je suis morte si souvent incandescente
Qu'enfin dans la fournaise, métal en fusion,
Nous devons être près du vrai point mort,
Du nouvel amalgame où ressourd infini
L'anonyme avenir qui cherche son baptême
Au plus profond du devenir des morts discrets
Où se distille le secret de la licorne :

Il est d'un jardin clos, d'une tente dressée
    À MON SEUL DÉSIR
Et non de la forêt aux appétits de fauves ;
Il est mystère de vierge et de mort
À percer pour que vierge et que mort
Redeviennent fécondes, engendrent l'Androgyne,
Et pour que vierge ne sois plus, ni morte,
Mais Ève des secondes noces.

II. MADAME DE VAUCLUSE

Elle savait ce qu'elle avait,
Mari, enfants, beauté, fortune
Mais ne savait ce qu'elle était :

Une âme veuve, âme de reine mère,
Un destin vague au fil des âmes égarées
Dans les confessionnaux des églises-musées,
Un embarras de personnages historiques
Sur les impraticables d'un théâtre en ruine,
Une intrigue d'anges mâles et femelles confondus
Dans les reflets des glaces d'un palais perdu
Mais soufflant à la foule figée des fidèles
Des litanies d'absence à la gloire des morts
De son royaume au sceptre abandonné.

Son et lumière ! Guitares électriques !
Des troubadours modernes chantaient à tue-tête
Son mari, ses enfants, sa beauté, sa fortune,
Mais ne savaient ce qu'elle était :

Une âme d'ici-bas, une âme d'au-delà
Une âme de naïade et de griffon
Un âme de statue et de gargouille,
Âme de pécheresse et de grande prêtresse
Clémente, allant de baptistère en cimetière,
Par douleur de naissance et douleur d'agonie.

Des touristes allaient, venaient, voyaient
Son mari, ses enfants, sa beauté, sa fortune,
Mais ne savaient ce qu'elle était :

Une âme de Venise envahie par les flots,
De donjon éventré, de Bastille emportée,
D'Atlantide ou de cathédrale engloutie.
Au plus secret des ciels de lits crevés à la mousson,
Dans le plus dur adultère obstinée,
Une âme de racine et de liane à disloquer
Le mariage des pierres dans les jungles des villes
Pour la restauration du domaine de ronce
Où les archéologues, jardiniers d'absence,
Replacent vainement des consonnes-chambranles
Autour des portes d'a et d'o et d'e muets,
Retraçant les allées de voyelles étouffées
Par la forêt analphabète.

Les troubadours et les touristes dont j'étais
Sont repartis, me laissant là seul avec elle :

Mon âme d'Ève encore au flanc d'Adam,
Ma plus que vierge et plus que veuve
Dame de Vaucluse au plus simple langage
De fontaine aux entrailles de pierre
Où sa beauté à la surface de l'eau lasse
Refait l'image de notre divinité
Qui, dans la vallée close de son corps,
Me rappelle et m'enferme, âme et poème.

III. LES REVENANTS
(d'après un poème de Guillaume Apollinaire)

Apollinaire a dit, dans le jardin d'Anna :
Certes, si nous avions vécu en dix-sept cent soixante…

Or c'est la date déchiffrable encore
Sur ce vieux banc public où tant de cœurs gravés
Dans leur anonymat disent le nom d'Amour
À cette même pierre qui doit dire ailleurs
Leurs noms sur une tombe en quelque cimetière.

Si nous avions vécu en dix-sept cent soixante
Et que par malheur, j'eusse été anglais
Mais que par bonheur j'eusse été près de vous,
En un mauvais français de soldat conquérant
Je vous aurais parlé d'amour sans vous avoir conquise.
Mais par pudeur, j'aurais drapé de l'Union Jack
Le banc où j'aurais pris, pour mieux me perdre en vous,
Des libertés moins britanniques que les vôtres
Dont la forme eût été sans doute d'un refus,
Après que vous m'eussiez tenté de vos bras nus.

J'eusse chanté : Dieu sauve la Reine !
Il vous aurait sauvée, ma reine,
Et vous le savez bien car, deux siècles plus tard,
Quand vous parlez toujours cette langue immortelle
Dont les sons donnent forme à vos lèvres si belles,
Celui que j'eusse été parle encor moins français.

Ah, de plus loin que les deux siècles écoulés,
Il regrette les libertés sur le vieux banc
Qu'entre vos bras il a perdues en les prenant,
Car il n'a pas eu votre cœur gravé
Sur cette pierre qu'il n'a pas usée,
Sur cette pierre dont le souvenir l'opprime
Plus que celui de son drapeau froissé,
Puisqu'au lieu de connaître son nom dans l'amour
La pierre ne l'aura reçue que dans la mort.

Or vous, les revenants de dix-sept cent soixante,
Vous remontez du fond d'un gouffre de deux siècles
Et reprenez enfin l'amour interrompu
Sur un vieux banc public où vos corps reconquis,
En cette terre reconquise se retrouvent
Et refont l'unité du temps mâle et femelle
En réveillant ce dieu qui sommeillait en vous.

IV. COLLIOURE

À Monsieur R. de Tilly

Quand la mer sort ses griffes pour saisir la terre
Et la terre les siennes pour saisir la mer —
De terre, de mer, ici, qui l'homme et qui la femme ?

Quand tramontane souffle à Collioure
Est-ce l'homme qui chasse nuées ennemies
Ou la femme qui met table d'amour au ciel ?

Ambigu Collioure, androgyne peut-être…
Colliers de vagues débordant tes épaules de roc !
Rochers plongeant dans tes décolletés marins !

Ambigu Collioure, au gré des éléments
Demain sera femelle et mâle après-demain :
Ce que femelle emmène, la main mâle mène.
Mâle sera demain, après-demain femelle :
Ce que main mâle mène, main femelle entraîne.

Comme tourne la route autour
Des formes ambiguës de Collioure,
Je serpente à mon tour et je m'encollioure
Pour prendre forme ici de la forme du jour,
Au pays androgyne où mémoire confond
Les sexes dans l'étreinte de terre et de mer.

V. CROISADE LUNAIRE

Il était comte de Toujours et de Maintenant ;
Elle, comtesse de Partout et de Nulle-Part,
Mais n'ayant heure ni endroit bien convenus
Pour se dire à midi leur amour de minuit
Dans l'église d'ici ou celle de là-bas,
Ils n'enfantaient jamais le plus petit matin
Car ils étaient de la maison des Antipodes
Et faisaient hémisphère à part.

La nuit du comte était le jour de la comtesse.
Ils se disaient bonjour, bonsoir à contretemps
Et s'inventaient des satellites amoureux
Pour se voir comme il faut à l'heure qu'il fallait,
Pour là-haut dans l'espace rêver en couleurs
Et rougir ou pâlir ensemble à la même heure.

Hélas, à l'aube qui démaquillait sa nuit,
Il la voyait en noir quand elle était en rouge.
Quand elle était à droite, il la voyait à gauche.
Ils étaient face à face et se tournaient le dos.

Ils chantaient requiem au baptême du jour
Et sombraient fous de deuil au fond de leurs nuits blanches.

Désespéré, le comte de Toujours,
Renonçant à son titre de Maintenant,
Prit cotte et heaume de cosmonaute
Et se croisa dans une ogive de fusée,
Cette flèche mobile de clocher moderne
Dont la vitesse de croisière
Atteint vitesse de prière
En amoureuse apesanteur.

Ça, la comtesse de Partout,
Renonçant à son titre de Nulle-Part,
À sa tour monte ajuster son antenne
À toute vitesse de désir atteinte par la grâce
Des plus riches heures du comte
Que transmettait le tabernacle électronique
Au céleste ostensoir du petit autel
Dans l'oratoire personnel où, prosternée,
Elle télépriait au-dessus des abîmes.

Soeur Anne, Soeur Anne, ne vois-tu rien revenir?
Est-ce le jour? Est-ce la nuit, là-bas?...

Terre, terre, arrête-toi, ne ferme pas
Le livre des très riches heures! —
Mais gravement gravitant sur elle-même
La terre en orbite insensible aux prières
Tourna des pages sans images le temps d'une éclipse,
Vidant le tabernacle, éteignant l'ostensoir,
Et la comtesse ne vit pas le comte
Alunir et graver sur un rocher stérile :

« Ici gît mon amour d'Antipodes
« Qu'il ne tourne le dos ni ne relève plus
« Du mal d'aller par nuit noire ou nuit blanche
« À contre-jour forcer le deuil des hémisphères. »

Puis le comte reprit sa croix et son ogive
Et, au retour, négligemment
Équeuta deux ou trois comètes
Et scalpa quatre nébuleuses,
Couvrant de gloire la maison des Antipodes.

Il recueillit un céleste objet perdu,
Un dé flottant aux six faces marquées :
Je, toi, nous, vous, ils, elles,
Au singulier comme au pluriel
Les trois personnes du discours
Lui apparurent mots indifférents.
Il se joua de leurs différences
À la roulette de la galaxie
En misant le zéro de la terre.

Mais la banque sauta comme à Hiroshima.
Tombèrent jour et nuit dans les bras l'un de l'autre
Confondus rouge et noir, pair, impair, passe et manque !
Ce fut la martingale de toujours et de partout,
Le lieu saint de l'inceste retrouvé
Du temps et de l'espace d'Ève au flanc d'Adam.

Il n'y eut plus ni comte ni comtesse
Quand le jour et la nuit s'éclipsèrent l'un l'autre
Mais un seul être en double, ni blanc, ni noir, mais nu
Comme Androgyne au Jugement premier.

VI. POÈME À DEUX VOIX

Voix d'homme et de femme :

Suis-je femme ou suis-je homme ?
Mon corps, mes vêtements donnent le change
Mais je me change et me métamorphose
Et me donne le change. Que suis-je ?

Voix de femme :

Me voici rose sans épines,
Rose toute effeuillée, rose très nue,
Toute démaquillée me voici sans mystère.
Mon mystère est en lui qui ne se comprend plus.
Je le suis, je le vois par toute la terre
Qui cherche à se recueillir en plantant
Des roses sans épines, roses sans mystère
Des roses sans racine en dehors de son cœur.
Il veut me mettre en terre ou me mettre sous verre.
Qu'il se recueille donc et qu'il me cueille en lui !

Voix d'homme :

Me voici arbre sans verdure
Arbre tout effeuillé, arbre très nu,
Arbre sans sève, arbre tout gris, chêne chenu.
Nature est mon mystère et ne se comprend plus.
Je la suis, je la vois à l'année longue
Qui cherche le recueillement
Des arbres sans verdure et sans sève en décembre
Des arbres sans racine en dehors de son cœur.
Nature veut me mettre en neige ou bien sous glace.
Qu'elle accueille mes feuilles et se recueille en elles !

Voix d'homme et de femme :

Suis-je homme ou suis-je femme?
Mon corps, mes vêtements donnent le change
Mais je me change et me métamorphose
Et me donne le change. Que suis-je?

Voix de femme :

Au vent, je suis l'informe et veux être ton souffle.
Je veux avoir nom de Mistral ou d'Aquilon.
Je suis virage ou route droite
Mais je ne sais ma route si tu ne conduis.
Je suis le temps, tu es mon lieu.
Je suis la neige ici, là-bas la pluie.
Je passe et je reviens comme saisons :
Je suis le temps qui passe et tu es mon pays.

Voix d'homme :

Au vent, je suis encore plus informe :
Terrain vague qui subis tout,
La pluie, la neige et les vents de partout.
Que sais-je de Mistral ou d'Aquilon?

Que sais-je du virage ou de la route droite?
Terrain vague qui mène à tout, qui mène à rien,
Je vois saisons qui passent, qui reviennent...
Je suis pays qui passe au temps qui passe.

Voix d'homme et de femme :

Suis-je femme ou suis-je homme?
Mon corps, mes vêtements donnent le change
Mais je me change et me métamorphose
Et me donne le change. Que suis-je?

Voix de femme :

Je n'ai jamais compris la femme que je suis.
Je n'ai jamais suivi que l'homme qui m'a pris
Mon mystère qui n'est jamais sorti de lui.

Voix d'homme :

Je n'ai jamais compris cet homme que je suis.
Je n'ai jamais pris femme que pour mieux me prendre
Au mystère… N'est-il jamais sorti de moi ?

Voix de femme :

Me voici nuit présente en plein cœur de midi.
Il ne fait pas si clair, il ne fait pas si nuit
Mais si je suis aveugle et ne vois que par lui,
Je vois mieux dans ma nuit si je m'éclaire en lui.

Voix d'homme :

Me voici jour présent en plein cœur de minuit.
Il ne fait pas si sombre, il ne fait pas si jour
Mais si j'aveugle et ne me fais point voir
Je vois bien mieux le jour de la plus belle étoile.

Voix d'homme et de femme :

Je suis la femme et l'homme retrouvés.
J'ai même corps et même vêtement.
Et si je change, c'est pour mieux me ressembler
Sur fond de jour, de nuit, de temps et de pays :
Androgyne au soleil de minuit.

VII. PRAGUE

Ô toi, veillant à ma frontière, au bord des larmes
Qu'un peuple verse là pour qui je ne puis rien.
Si leur licorne est prise, si leur dame est triste
Et si mon seul désir est impuissant chez eux,
Si ma joie ne sait rien qu'être plus belle en deuil,
Si ma douleur ne meurt, mais s'endort seulement,
Si je pleure pour eux à cause d'un sourire
Si pâle et désarmant qu'il dévaste mon âme...

Toi, l'endormie en moi, ma douleur qui se tait,
Si je souris pour toi, je te réveillerai
Et si tu fais le tour de ma vie, de mes ruines,
De ma mort à venir, si tu les prends sur toi...

Douleur, es-tu ma morte, mon âme apaisée?
Est-ce ma joie ou ma douleur qui veille,
Femme endeuillée à ma frontière, au bord des larmes
Que je n'ai pas encor versées?... Ah, ce regard
De morte que supporte mon regard!
Ce long regard sacramentel
Qui nous dépouille l'un et l'autre de nos ombres,
Qui nous dépouille de nos corps... Et plus que nus,

Comme enfin nous le sommes devenus
Tout le long de ce long regard sacramentel,
Nous nous revêtons l'un de l'autre
Dans un étrange deuil de premiers communiants.

VIII. JUSQU'AU LINCEUL

Tu m'as choisi d'avance toutes les couleurs
Que mon âme aura dû porter, toutes les robes
De baptême et de première communion,
Robes d'adolescente ou de convalescente
Pour mes amours naissantes, mes amours blessantes ;
Mes robes à danser, mes robes à sauter
Mes robes à passer partout pour être vue...

Mes robes de vertu, mes robes de scandale,
Robes de petit jour et robes de grand soir,
Les blanches et les noires et celles d'arc-en-ciel.
Mes robes du premier comme du dernier acte
Et celles des rappels, les jamais assez vues,
Mes robes-chapelets à égrener les regards.

Mais le fléau de la balance de nos cœurs
Toujours reste immobile au regard du seul juge :
L'amour dont je me vêts en toi, jusqu'au linceul.

IX. MOUVANCE

Malheur est sous mes pas, malheur mouvant,
Malheur insaisissable, malheur sable.

J'ai deux têtes, chacune aux antipodes
D'un monde que je vois en transparence
Dans ce contre-poème révélateur
Des hommes qui s'en vont quand ils s'en viennent,
Des hommes dont la gauche est devenue la droite,
Et dont les cœurs qui battent à l'envers
Les cœurs qui s'endurcissent du mauvais côté
Sont les cœurs des soldats partis du mauvais pas
Pour venger un crime commis à contresens
Dans un pays où l'on vivait à contrecœur.

Ô les cervelles consumées à petit feu !
Ô la conscience éteinte sous les grands drapeaux !

Cerveaux brûlés, conscience éteinte, bois pourri :
Cet hiver sera froid et le chauffage rare.

Malheur est sous mes pieds, malheur miroir,
Malheur lisse et glissant, malheur glacé.

Mirage du désert, mirage de l'hiver —
J'ai mon image en un cercueil de verre,
J'ai mon image au banc des accusés,
Mon image hors la loi, mon image hors du froid,
Mon image tapie à l'envers, à l'endroit,
À l'affût de celui que je fus et serai
Quand des jours embaumeurs je ressusciterai
À cette heure zéro des gardes renversés
À cette heure zéro des geôliers endormis
Qui veillent pour l'instant, qui veillent sur un mort.

Cerveau brûlé, conscience éteinte et garde à vue,
Loi martiale, couvre-feu, rideaux tirés.
Ils n'ont que mes empreintes digitales
Et ma photo tirée à l'envers, à l'endroit.

J'ai fermé pour toujours l'œil que j'avais ouvert
Sur un pays où l'on vivait à contre-jour.
À peine y fus-je un peu plus riche que le pauvre
À peine y fus-je un peu plus pauvre que le riche
Dont me venait un bien qui n'était pas le mien.

J'ai pris tout seul la porte ouverte de la mort
Et fait claquer la contre-porte de la loi
Pour être enfin plus riche ou plus pauvre à la fois...

Malheur est sous mes pas, malheur fondant,
Malheur en avalanche de sanglots brisés
Dans l'effrondement des palais de glace
Et dans le sabotage de mars ou d'avril,
Dans la débâcle énorme du contre-poème
Et le chaos des libertés naissantes
Où l'idole des neiges cède aux filles de mai
Aux filles de partout et de chez nous.

Bonheur est sous mes pas, bonheur coulant,
Bonheur saute-ruisseau, bonheur bruissant.

J'ai deux têtes chacune aux antipodes
D'un monde en transparence printanière
Où l'armée repartie du même mauvais pas
Ne sait plus ni sa gauche ni sa droite
Au bout du contresens interdit pour toujours.

Dame de pique, roi de contrecœur !
Valet de trèfle, as de contre-carreau !
À tout va, sans atout, mais plus rien ne va plus :
J'ai misé le zéro de pure résistance.
J'ai contré, surcontré, acheté, racheté
Et j'ai gagné au grand jeu de patience.

Bonheur-malheur foulé aux pieds, puis refoulé,
C'est mon bonheur, c'est mon malheur qu'enfin je nomme
À coup de cœur, à coup de tête, à coup de c...
Coule bonheur, coule malheur, à coup de sang.

Ni bonheur, ni malheur, mais terre et sable et neige
Rapatriés pour ne plus être meurtriers.
Peine d'absence commuée par crime de présence :
Je suis, je suis de ce pays, dans ce pays.

Bonheur-malheur est sous mes pas, coule le sang :
Mon amour, il y a si longtemps que je t'aime.

Détrompez-vous, amours perdues, amours trouvées,
Car sous mes pas je vous ai toutes retrouvées
Depuis que sous mes pas bonheur malheur sont confondus
Ni de gauche annulés, ni de droite annulés,
Mais par-delà tous les sens interdits
Dans le non-lieu du crime inachevé
Quand, lentement dodelinante et chauve,
Ma tête de bonheur, ma tête de malheur
Mal défendues se trouvent confondues
Sous le pas nul de notre mort insaisissable.

Malheur est sous mes pas, malheur mouvant,
Malheur insaisissable, malheur sable ;
Et voici que j'emboîte le pas à la mort
Et que dans son pas nul, j'annule enfin mon pas.

X. ADÈLE

Ils étaient trente morts qui se donnaient la main,
Pour les danses de mai, pour les danses de juin,
Ils étaient trente morts qui se cachaient ce sein,
Qu'ils n'auraient pas su voir, leurs yeux étant éteints.

Ce sein, c'était tout simple, était le sein d'Adèle,
Un sein très maternel, un très beau sein de belle.
Tout au sein de la mort, le sein le plus fidèle :
Ils s'y trouvaient, les trente, en repliant leurs ailes.

Adèle était la mort des trente cavaliers
Qui n'avaient plus de mois à leur calendrier.
Adèle était la mort d'un triste lévrier
Qui mordait sa maîtresse à grands coups de dentier.

Ce lévrier, c'était le garde, mon amie,
Qu'on appelait cerbère, aux portes de la vie,
Aux portes de la mort, belle Adèle endormie,
Belle Adèle entrouverte à la mélancolie.

La vie, la mort sont l'un de l'autre garde-fous
Mais, toutes portes ouvertes, passe amour fou,
Toutes gorges offertes, tout le sexe absous,
Tout redevenu dieu règne vraiment par-tout...

Dans les jupes d'Adèle on entend des frous-frous
D'âmes qui ressuscitent sens dessus dessous,
Qui sortent des enfers, qui grimpent à genoux,
Ivres d'esprit de corps, sur des Pégases saouls.

XI. SAINTE-MÉMOIRE

Sainte-Mémoire, priez pour nous !

Des profondeurs du gouffre de l'oubli, nous avons crié vers toi,

Sainte-Mémoire ambiguë, Sainte-Mémoire androgyne,

Sainte-Mémoire du commencement, du maintenant et des siècles des siècles des siècles des siècles…

Sainte-Mémoire en croix entre larrons d'hier et de demain,

Sainte-Mémoire en robe de toujours, piquée de fleurs d'âmes d'hier et de demain,

En robe d'âmes passées, d'âmes passables, d'âme passibles de passer,

Sainte-Mémoire passeuse d'âmes nomades en céleste ou infernale transhumance,

Sainte-Mémoire caravanière de la transâmance,

Sainte-Mémoire en passion constante et passation du sexe uni d'hier au sexe réuni de demain,

Sainte-Mémoire androgyne qui enlève à l'éternité ses voiles de veuve.

Nous n'étions morts que dans nos souvenirs tronqués.

Des profondeurs du gouffre de l'oubli, seul péché vraiment mortel, nous avons crié vers toi,

Sainte-Mémoire-Vierge-à-l'Enfant, Sainte-Mémoire-licorne, Sainte-Mémoire-Fravarti.

Au midi de la vie, en éclipse par passage de lune noire d'oubli et de désespoir,

En suspension de grâce et déjà presque mauvais larrons devant le voile du temps déchiré,

Fixant les aiguilles arrêtées des Parques impuissantes,

Nos âmes effleurées au passage par la traîne de la robe de Sainte-Mémoire,

Des profondeurs du temps disjoint, du temps-fissure de l'éternité, nous crions vers toi :

SAINTE-MÉMOIRE

LA CHEVELURE DE BÉRÉNICE

ou l'angoisse et la volupté d'être

1986

Pour elle(s)

Et Dieu créa l'homme à son image et à sa ressemblance : Il le(s) créa mâle et femelle.

GENÈSE

Aimer Dieu, c'est renouveler en nous son image.

SAINT COLOMBAN

L'ANGOISSE D'ÊTRE

ANGST

Demain, est-ce demain, ou bien après-demain...
Est-ce le jour avant-dernier?
Est-ce la nuit avant-dernière?
Pénultième ma veille ou mon sommeil?
Ou bien suis-je en sursis, de Pâques en Pâques?
De quinquennat en décennie à vivre?

Mon plan de vie à l'imparfait mal accompli
Ma norme au passé simple et tout décomposé...

Les poètes de choc sont morts assassinés
À court de milliers et de milliers de vers
Que poésie d'État réclame en vain
Des survivants sur leurs petits lopins
Où le verbe a fait place au proverbe,
Où le temps s'est fait plus mesuré
Et les pas de la mort plus rapprochés...

Cette cause est-elle entendue
Mieux qu'un appel en cassation
Mieux qu'un appel aux morts
Mieux qu'un appel aux survivants
Mieux qu'un appel aux quelques surpriants
De ce temps de si peu de prière
Où me restent quelques consciencieuses,
Quelques inquiètes convulsions
D'une âme mal promise à d'inconnus enfers.

Demain, après-demain, mes enfants légitimes
Seront illégitimes orphelins cherchant
Un père mort quelque part ici-bas
En quelque no man's land appelé Canada.

Qu'importe la géographie, alors
Que ma vie fut errance entre Russie et France
Entre Zagorsk et Chartres aux mains mal jointes.
Orthodoxe et romain, insolite chrétien,
Âme discontinue en prière éperdue.
Âme au midi manqué d'horloge mal réglée
Fou d'Ouest au fouet d'Est battant les pôles
Fou d'Occident et d'Orient, déboussolé
Et pourtant j'avais tête au nord à ma naissance.

La mort, la mort, la mort, ô pôle inévitable !
Quel nord-néant de ce rien que je fus
Et quelle pomme, appel gelé de l'être, à mordre
Entre les dents d'un crâne de squelette
Aux orbites béantes au soleil de minuit !

IVROGNERIE

Grand-père, êtes-vous saoul,
Vous qui roulez dessous
La table des matières
Du livre des manières
Que n'avez point apprises.

Grand-père, êtes-vous saoul
D'avoir trop lu les livres
Qui mettent sens dessus dessous
Les femmes sans dessous
Que vous n'avez point prises.

Ah mise à prix, et prise amie
D'une vie mal apprise
Aux mauvaises manières !

Ah la triste matière
D'une table mal mise
Où votre pauvre mise
Se trouve enfin de mise !

« L'AMOUR COMME UN RÉQUISITOIRE »

ALAIN BOSQUET

Que sonne la réquisition des sexes
Qui ont trop occulté le sexe
Pour n'avoir su que faire
De sa tunique sans couture
Comme celle de Christ.

Sonne la mobilisation des sexes
Pour la quête de Graal
Pour la quête de l'Un
Claquez drapeaux étendards
Gonfalons et bannières
Il est là occulté par la mort
Occulté par la guerre des sexes
L'être tendant ses bras en croix
En table des matières et tables de la loi
Tables où nous boirons le vin de l'Un
Récupéré, réconcilié au pluriel
Par-delà tout divorce humain
Et toute humaine errance.

EN LISANT ALAIN BOSQUET*

Il adjure le temps du verbe
Il l'adjure de prendre chair
Il l'adjure de prendre écorce
Il l'adjure de prendre feuilles
Pour donner forme à la plate prairie
Pour racheter l'incendie en forêt
Et le déluge venu des Canadairs,
L'arche nue de Noé aux voiles arrachées
Et le radeau de la Méduse éventrée,
La mer aux flots désargentés
Et le désert d'inutile pitié,
Ce mirage d'oasis stérile.

Son ministère est de réconcilier
Tous les déguisements du néant.
Il sera le travesti de Dieu
En robe minérale ou végétale
Pour le rachat de notre foi fossilisée
De nos attentes millénaristes
De nos désirantes utopies
Braquées sur une mort obtuse
Au volant bloqué par l'antivol
De la colombe et du corbeau reptiles,
Du serpent déplumé d'un Mexique plastique.

Dérivé d'un pétrole off-shore à la dérive.

---

* Les vers en italiques renvoient au recueil *100 notes pour une solitude*
d'Alain Bosquet.

Il sera le travesti de Dieu
En costume d'Androgyne,
Le sexe comme un phare rallumé
Clignotant de désir mâle et femelle.
Tenant tête au séisme et au raz de marée,
Il reprendra la gérance du corps,
Le dressage de l'âme
En hypothéquant son esprit,
— Lamma sabackhtani ! —
Que le progrès-pécheur a disloqué
Comme jungle étouffante, envahissante,
Comme cancer d'humanité trop foisonnante.

Il est le fils d'un mot très masculin
Et d'un autre plus tendre
Et si c'était le même ?

Il est le fils aîné de l'invisible.

Allez, démultipliez-vous
Réduisez la vitesse
Dénazifiez
Démarxisez
Décapitalisez
Décompressez
Déconfessez
Déconfessionnalisez
Toute fausse église
Dans un silence prophète.

Terrible et merveilleuse nouvelle venue
Dans l'éclipse androgyne de lune et de soleil
Parfaitement simultanée
Couvrant toute la terre
En deuil de sa lampe votive.

Devant l'icône éteinte
Sous l'œil crevé d'un vieux cyclope
Que, dans son œuvre au noir,
Tobie à tâtons touche de fiel
Pour rallumer la flamme émue
Dans le regard du Malconnu
Qui sort de son suaire
Et retrace ses tout premiers pas
Provoquant un soupir minéral
Issu d'entrailles immobiles,
Un frémissement d'écorce de chair cendreuse
Et l'envol d'une feuille fossile.

LE PENDU DÉPENDU

Chaque poème a son bourreau
Chaque vers son gibet
Où la rime est pendue.

Mais vint un siècle où il ne suffit point
Que le silence fût torture. Il lui fallut
Le pur contre-poème concentrationnaire
La mort, au bout du martyre des faux aveux
Sous l'ampoule qui brûle la conscience nue
Accusée d'impudeur et privée d'abat-jour
Accusée d'être juive et privée d'Israël
Accusée d'être sexe et castrée jusqu'au cœur
Accusée d'être auteur et privée de papier
Accusée d'être mère et avortée d'office
Convaincue de complot parricide
Contre l'état providentiel
Orpheline bannie au couvent du néant.

J'étais là sous Staline et le savais
Mais sans pouvoir, aphone, crier au scandale
Mon passeport comme feuille de vigne
Me cachait à quel point j'étais nu
Et je me contentais de grelotter
En écoutant la mort et ses pas dans les miens
Qui scandent ma prière chevrotée.

La contrevérité
La contre-humanité,
La contre-charité
Tous les contre des contre des contre
À contrecœur, à contre-vie, à contre-siècle
Aboutissant à cette contre-mort,
Au plus bête des contre-zéros
D'une contre-folie subie à contretemps,
D'une contre-dialectique du néant
Béant de nulle image dans la glace nulle.

Or c'est là qu'éclata dans un contre-silence,
Un contre-rien crié dans la volupté d'être
Sans plus tenir à rien afin de tenir tête
À contre-jour, à contre-nuit, à contresens
En chantant à tue-tête
Les rimes dépendues
Les gibets abattus
Les bourreaux convertis
En sages-femmes ou nourrices
Des poètes à naître.

MORT-VÉCUE

Madame êtes-vous sûre
D'être Ma Dame
Quand je suis sûr
D'être moi-même en dames
De votre compagnie
Au dam de tous vos compagnons !

Suis-je dame, Madame, ou suis-je Adam
Ève comprise au service sans prix :
Mon service est le sien et celui de Ma Dame
Quel service, mes dames, et pourboire compris !

Moi féministe à mort, suis-je la mort des Dames
Qui ne sont pas mes Dames par chevaliers morts
Dans les croisades ou dans les harems
Par l'amour et la mort AMOR ! AMOR !

Douceur des astres doucement éteints
Votre pénombre est celle de ma femme
En qui je me retrouve, complice allumant
Cierges, bougies et lampions à Complies
Dans la fête absolue où tout est dissolu
D'un temps irrésolu entre ici et là-haut.

Ô ma femme absolue en étreinte éternelle
Roc impassible au naufrage des temps
Il n'y a plus que cette plus-value
Aux intérêts décomposés de mort-vécue.

APHONIE

Un poète crapahutait
Parmi les mots en friche
Les silences huileux
Les musiques atones
Les verbes oxydés
Les adverbes baveux
Les dentales limées
Les labiales dégoulinantes
Les voyelles muettes
Les consonnes démentes
D'une langue anagrammatique
Acronymique et synthétique.

Le polisson Armide
Et l'impolie Esther
N'ayant plus rien à dire
S'accouplaient comme bêtes
Au pas de l'oie
Au pas de l'escargot
Au pas de kangourou
Au pas de grue
Au pas à pas des ruts
De deux rutabagas
Parthénogénésiques.

Crapahute, poète
D'une langue amnésique
Que la technologie
Tire, diable, par la queue
Et mène par le bout du nez
Pour la faire dégorger
Et la faire manger
À la sauce étrangère
Par le serpent sans queue ni tête
D'un bien nouvel Éden
Où Adam et Ève retrouvent
Leur aphone ignorance première.

CHASTETÉ

J'aime l'odeur de chasteté
Qu'elle porte ceinture ou non.

J'aime l'odeur de chasteté
Médiévale ou bien moderne
Romaine ou bien contemporaine
De vestale ou de moniale
De ville ou de campagne
De grande et noble sœur de riche
Ou de petite sœur des pauvres.

J'aime l'odeur de chasteté
Qu'elle porte ceinture ou non.

J'aime l'odeur de chasteté
Faite de pétales clos
Et de parfum discret
En pur recueillement
Pour le plus strict accueil
De ce qui n'est qu'une âme
De moins en moins trouvable.

J'aime l'odeur de chasteté
Qu'elle porte ceinture ou non.

J'aime l'odeur de chasteté
Bouquet spirituel
En florale érotique
Toute bleue ancolie.

J'aime l'odeur de chasteté
En érotique arithmétique :
La plus sublime retenue
Au point zéro d'amour
Au point de non-retour
Où l'infini s'entrouvre
Les cuisses de l'Éternité
Pour son plus absolu plaisir.

Terre naguère en ceinture de chasteté
Tes secrets nucléaires désormais percés
Vienne la bombe absolue
Qui te supprimera
Mais sans porter atteinte à ta ceinture
(Qui deviendra comme un anneau
De Saturne mais sans Saturne)
Tout empreinte de ton parfum que j'aime
Ô douce odeur de chasteté.

MYSTÈRE

M'est entré dans la peau, mystère.
M'est entré dans les os, mystère.
M'est monté au cerveau, mystère,
Et devenu ma moelle épinière.

Pourquoi dire et se taire, mystère
Pourquoi rire et pleurer, mystère
Pourquoi naître et mourir, mystère
Pourquoi monter et descendre, mystère
Pourquoi prier et calculer, mystère
Pourquoi ressusciter, mystère.

De père en fils et de grand-père en petit-fils
Depuis les siècles des siècles des siècles
D'une origine disputée épaissit le mystère
Et de théologie en archéologie
Verbe de Dieu est devenu verbe de vieux
Verbe-vestige et cancer du poète.

J'en ai ri jusqu'aux larmes
Et ri à en crever
D'un rire suicidaire
D'un rire à fleur de peau, cancer
D'un rire en craquement d'os, cancer
D'un rire fêlé de cerveau, cancer
D'un rire d'hypophyse, cancer
D'un rire enfin dévertébré
D'un rire d'origine enténébrée
D'un rire carcéral à tordre mes barreaux
D'un rire de squelette aux dents serrées sur son mystère.

TÊTE

Dans le beffroi, ma tête
Plus grosse qu'un bourdon, ma tête
Sonnante comme airain, ma tête
Assourdissante en fête, ma tête
Et toutes langues que je parle, sans tête
Toutes langues dehors, en tête
Toutes langues pendantes, hors tête
Aux gueules des gargouilles, ma tête
Diaboliquement, sans tête.

Me voici en carême de tête abstème
Sans idée à la vue du diable
Sans pensée à l'insu du diable
Qui cherche à me penser sans moi,
À me percer, me traverser, sans rien
Que son néant tonitruant pour rien.

Et si je ne lui cède en rien, pour rien, sans rien,
Mon âme abstème se domine sans idée
Et remonte dans le beffroi, ma tête
Plus grosse et plus sonnante et plus assourdissante
Pour fêter Pâques jusqu'à Trinité, ma tête !

Le diable Malbrouck s'en va-t-en-tête
Ne sais quand reviendra sans queue ni tête...

254

COCU

La vie la mort sont comme sœurs
Et je les trompe, l'une et l'autre

De l'une à l'autre, je me trompe
Et suis cocu par l'une ou l'autre

Fidèle jusqu'à l'ambigu
Je me retrouve en l'une comme en l'autre

Je suis en l'une qui est l'autre
Et suis l'autre qui fait l'une

Si je ne suis rien d'autre
Que cet autre de l'une
Je fais tout uniment la une
De ce journal de bord
Qui est ma vie ma mort
Jusqu'à perdre le nord
Les bras en croix du sud.

Les pôles inversés
Est et Ouest inversés
Effeuillent la rose des vents
En déplaçant de vie à mort
Le pôle magnétique

Je suis le moins bouleversé
De tout ce que l'une verse en l'autre
Car cela va de soi
Et nullement de moi
Le cocu ambigu à veuvage voué
Entre deux vins entre deux sorts
Entre eau-de-vie et eau-de-mort

DE L'IDÉAL JE-T'AIME

De l'idéal je-t'aime de notre vingtaine
L'écho résonne encor dans notre cinquantaine.
De l'idéal je-t'aime de notre vingtaine,
Déjà vécu trente ans le long du quotidien,
De rien venu, pourquoi promu, à quoi promis :
Humble tangente à la surface de la Terre...

De l'idéal je-t'aime de notre vingtaine
L'écho résonne encor dans notre cinquantaine
Faisant la noce dans le temps et dans l'espace
Selon le flux et le reflux contradictoires
Des aubes et des crépuscules qui bousculent
De rêve en rêverie et de réel en rien
Trente-six peuples aux trente-six cultures
Trente-six cultes et trente-six folklores.

Amphibie amoureux des terres étrangères
Submersible envolé traversant ciel et mer
Curieux touche-à-tout qu'une grâce a touché —
De combien de nations ne s'est-il pas épris,
L'ardent je-t'aime de notre vingtaine
Que nous avons crié à tant de peuples
Selon la chance et selon chaque échéance
De nos constantes transhumances
Et de nos incessantes transâmances
Qui nous ont transformés en résumé du monde
Un peu plus sage au milieu de la démence,
Un peu plus sourd au dogme des fausses sciences...

Qui sait si nous verrons sur le versant de l'âge,
Au cap éternité, naufrage ou abordage,
Quand de l'ardent je-t'aime de notre vingtaine
L'écho résonnera dans notre soixantaine,
Dans l'idéal silence des pas emboîtés
De nos pas annulés les uns dedans les autres,
Vivant en filigrane l'un de l'autre,
Jouant à pile ou face, jumeaux confondus,
Transparents siamois sans listel :
Pile de jour, face de nuit interchangeables !
Quand de l'ardent je-t'aime de notre vingtaine
L'écho résonnera dans notre soixantaine,
De rêve en rêverie et de réel en rien
Nous serons tout en tous au soleil de minuit.

À SAINTE-FIDÈLE

Cette fidélité qui s'usait comme fesse
À force de s'asseoir au même endroit
Cette fidélité régnante sur son trône
Depuis longtemps collante à s'arracher la peau
La peau de vache assise au nom du droit divin
Couronne en tête et sceptre en main.

Cette fidélité raillée des libertins
A fini par être guillotinée :
Coupé l'ombilical cordon
Qui reliait à Dieu le royaume des morts
Les saints eux-mêmes ont pris la route de l'exil
La route d'on ne sait quel Estoril céleste.

Le royaume des morts imperceptiblement
Se mit à dériver de celui des vivants.

Là se fit jour le règne du discours
Populaire d'abord et populiste ensuite
Entrecoupé de restaurations ou d'empires
De coups d'État en coups de gueule en coups de Gaule,
Le peuple souverain accouchant de ses monstres
De rut en rut parthénogénétiques
De république en république parthénofrénétiques.

Le royaume des morts et celui des vivants
Accentuèrent leur dérive imperceptiblement.

Et les vivants riches d'illusions vécues
D'inflations cancéreuses sous cloche de verre
Ventrus, cuissus, pansus, les vivants s'enivrèrent
D'une fidélité nouvelle et plus fessue
À des trônes encor plus vermoulus.

Cependant que les morts ivres d'éternité
Ressuscitaient dans la danse macabre
Des squelettes qui revendiquaient leurs âmes
Aux guichets d'un purgatoire cambriolé.

Suivit la grande dépression ecclésiale
Le nouveau sacrement d'assistance sociale
L'informatisation des vivants et des morts
La robotisation de la résurrection
Sur microfiches très documentées
Jusqu'au soupçon de souffle retenu
Ou de santé non déclarée, fraude fiscale.

Le mort était suspect de survivance
Et le vivant de contrefaire un mort.
La gauche devenait la droite et vice versa
L'arrière devenait l'avant et vice versa
Mâle-femelle, hier-demain, et cætera
Tout était sens dessus dessous et sens devant derrière
Les sacrements inversés devenaient
L'initiale onction et l'extrême baptême
Le mariage d'un mort-vivant se dissolvait
Faute de consentement de vie à mort
Faute de consommation nécromancienne
Divorce se lovait au nœud des noces
De bois, d'argent, d'or ou de diamant.
L'enfant revendiquait paternité d'homme
(The child is father of the man, dixit Coleridge)
Mais de quel homme, injustes cieux, de quelle femme
Rageusement bannis dans quel orphelinat
Pour être assassinés par des Orestes fous
Dans l'inflation des cultes trop profanes
Privés de tout étalon-Dieu !

Un terroriste prit Prométhée en otage
En exigeant que le Ciel et l'Enfer
S'échangent leurs espions les plus secrets.
Un terroriste mit Lucifer en orbite
Et l'envoya bouter le feu aux galaxies
Cependant qu'un nouveau déluge renflouait
Une fidélité qui s'usait les genoux
À force de se prosterner devant nul trône
Une fidélité bannie, écartée des autels
Depuis longtemps rampante hors des églises,
Une fidélité défaite en semaine très sainte
Et puis refaite à Pâques parfaitement closes
Sur cette messe de demain où nous irons peut-être
Cette messe de rien que de Sainte-Fidèle
Qui ne demande rien que nous ne puissions être.

GUERRE

Mes chers soldats de plomb
Demain nous entrerons
En guerre très ludique
Ni médique,
Ni punique
Ni Vercingétorique
Mais Julescésarique,
Mais Charlesmagnifique
Mais Jeanned'arctifique
Et Napoléonique
Jusqu'à la Waterlique.

Mes chers soldats de plomb
Demain nous vengerons
Nos amours poétiques
Nos amours romantiques
Nos amours pathétiques
Et aristocratiques
Contre ces hérétiques
Amours trop éclectiques
Du couple acrobatique
En antigénésique
Qui, par dialectique
Tristement mécanique
De zizis électriques,
Fait la lutte érotique
Des deux classes lubriques
Sous l'arbitrage inique
Du beau parti unique
De moins en moins ludique.

Mes chers soldats de plomb
Voyez-vous l'abandon
Des sexes qui désirent
Mais s'entre-déchirent
Et ne savent plus dire
L'amour et son empire.

La chair est triste et lasse
De la lutte des classes
Au fond du sexe-impasse
Dont la voix se fait basse
Et qui vide la place
Où s'engouffrent les masses.

Mes chers soldats de plomb
Qui rougissez au fond
De ne pas voir le front
D'une guerre de cons
Sans dentelles, que non !
Tournez-moi les talons !

Mes chers soldats de plomb
Font demi-tour pudique
À carreau, trèfle ou cœur
D'une défausse épique
Sous la bombe à neutron
Qui, tout atout à bout.

Joue enfin son va-tout !
Mes chers soldats de plomb
Fondent, mélancoliques,
Dans la fosse commune
Qui fait toute la une
D'un journal aboulique,
Imprimé famélique
À l'encre sympathique
Sur néant amnésique.

FUITES

Fuite en avant, fuite en arrière
Évitons le présent, en rêve fréquentons
Les monuments en ruine et les chantiers futurs
Plus sûrs que tous les immeubles d'aujourd'hui
Où nous nous survivons, ayant évacué
Nos souvenirs et nos espoirs déçus
Quand tout est emmuré en Moscovie murée.

Le plus vieux monument fiable : la tombe.
Le caveau de famille ou bien sa fosse à soi.
En silence faisons l'amour
Dans ce cercueil à deux places
Dans cette nécropole sûre
Et s'il nous vient un fils,
Surtout s'il est mort-né
Nous irons le déclarer
Dans la nécropole d'à côté
Car tout est emmuré en Moscovie murée.

Prudence, prudence
Dans la fuite en avant
Comme dans la fuite en arrière
Mais essayons d'abord cette dernière
Je reconnaîtrai bien ma généalogie
Et celle de mes rois et de mes républiques
Par bonne fesse droite ou belle fesse gauche
Mais prudence, attention aux pièges
D'une histoire peut-être refaite
Adroitement à gauche
Et peut-être emmurée en Moscovie murée.

Attention, attention, prenez garde !
Cet acte très légal ne l'est peut-être pas
Si la lutte des classes était passée par là
Pour nous emmurer tous en Moscovie murée.

Vigilance, attention
À ce confessionnal, à cette sainte table
À cette icône, à ce mur des lamentations !
Peut-être y a-t-on mis un appareil d'écoute…
D'ailleurs mieux vaut ne rien avoir à déclarer
Aux aubes douanières
Aux crépuscules policiers
Qui surveillent tout décollage et tout atterrissage
Les vols de jour qui abordent la nuit
Les vols de nuit qui percent le petit jour.
Tout est suspect, tout peut être coupable
Pour mieux nous emmurer en Moscovie murée.

Eh bien, c'est vu et confirmé :
Les pyramides et les ziggourats,
Les Gour-Émirs et les Boroboudours,
Les mosquées et les cathédrales
Ont été violés tous et toutes !
Jusqu'aux grottes d'Altamira et de Lascaux !
Et rien n'est garanti, ni respecté
Des passages les plus secrets, les plus sacrés
D'une histoire emmurée en Moscovie murée.

Mais il y a pourtant quelques lézardes,
Plaies incurables, verrues hideuses
Suppureuses séquelles de quelque dermatose :
La berlinite aiguë en 53 ;
La budapeste galopante en 56 ;
La praguéose pernicieuse en 68 ;
Et la vicieuse varsoviose en 80 ;

Alors le bistouri s'allonge en baïonnette,
La quarantaine en état de siège
Un hypocrite serment d'Hippocrate
Fait imposer le clystère militaire
Ou la saignée brutale pour réduire la fièvre
Aux proportions de l'exclusive léninite
À laquelle une étoile toujours rouge
Ramène forcément les rois mages errants
Chez Joseph-le-Marteau et Marie-la-Faucille
Pour adorer la vérité faite homme en U.R.S.S.
Et pour les emmurer en Moscovie murée.

Il n'y a plus de fuite que devant soi-même :
Il n'y a plus qu'à pirater le temps
Et détourner son cours en réglant nos horloges
À l'heure d'un calvaire souterrain
Ou d'un signe de croix sous le manteau
Des emmurés vivants en Moscovie murée.

LA VOLUPTÉ D'ÊTRE

LILITH

Sous l'œil noir de Lilith en nuit noire vêtue
Contre leur ascendance révoltés
Contre leur descendance révulsés
Les vivants et les morts s'étaient excommuniés
Et expulsés de leurs royaumes respectifs.

Sous l'œil noir de Lilith en nuit noire vêtue
C'était donc désormais sans vivre ni mourir
Que nous naissions et que nous trépassions
Entre abîmes d'en bas et abîmes d'en haut,
Entre fosse aux lions et serpents sur nos têtes
Dans l'informe et ténébreuse virginité
Des limbes que, plus ténébreuse encore,
Présidait une obscure et très grave Lilith.

Sous l'œil noir de Lilith en nuit noire vêtue
Entre abîmes d'en bas et abîmes d'en haut
Dans ces limbes grouillait la foule aveugle et sourde
Sans entendre ni voir ni serpents ni lions
Et notre âme androgyne errait désincarnée
Dans son sexe flétri sous la rose affolée,
Sous la rose des vents qui soufflait la furie
Ballottant, déportant du levant au ponant
Tout l'Hellespont battu de verges par Xercès
Pendant que s'écroulaient les colonnes d'Hercule
Dans un sismique orgasme à la faille béante
Du temps écartelé entre hier et demain,
Du temps-poème désarticulé d'avance
Sous toute page blanche et toute page vierge
Par vengeance d'esprit jaloux de tout hymen.

Sous l'œil noir de Lilith en nuit noire vêtue,
En sinistre ambassade aux enfers de nul sexe
J'embrassais du regard sur le versant de l'âge
Les décombres fumants d'un astre éviscéré
Entre abîmes d'en bas et abîmes d'en haut.

Sous l'œil noir de Lilith en nuit noire vêtue
(Elle qui n'avait nom qu'en silence en mon âme)
La mort avait fauché la foule aveugle et sourde ;
Les lions s'étaient tus et les serpents aussi.

Sous l'œil noir de Lilith en nuit noire vêtue
Je surveillais quelque diable obèse et borgne
Sans queue, ni cornes, ni langue fourchue
Mais eunuque muet dans un harem vidé,
Garde-chiourme d'un présent tout mutilé
Sans ancêtres aucuns, sans descendance aucune
Entre abîmes d'en bas et abîmes d'en haut.

Sous l'œil noir de Lilith en nuit noire vêtue
Il ne me restait plus au fond de la conscience
Par mâle patience et femelle espérance
Que l'infiniment grand, l'infiniment petit
De cette corde au nœud coulant de l'absolu
Pour racheter la mutuelle excommunion
Des vivants et des morts, vieux ennemis de classe,
Pour racheter l'état d'urgence qui étrangle
Une opinion publique devenue privée
En femelle espérance et en mâle patience,
L'une et l'autre limant leurs menottes rouillées
Au bruit de leur prière au creux de leurs mains jointes,
L'une et l'autre couchées au milieu de leurs chaînes…

Quand le néant inerte chut sur la prison
À deux genoux comme un forçat tout abruti
Et que par le judas entrouvert de la geôle
Se mit à vaciller l'étoile agonisante
D'un oukase annonçant un congé inutile
Par grâce de diable, dictateur déchu.

Sous l'œil noir de Lilith en nuit noire vêtue
Ma prière transforme en cloître ma prison
Et je résigne enfin mon âme anachorète
À l'équilibre sur la corde de l'exil
Qui cherche sa pâture d'immortalité
Aux abîmes d'en haut, aux abîmes d'en bas.

Or, dans mon cloître enfin m'est apparue
Celle qui est et que je n'ose pas nommer
Car c'est en son seul nom, son nom le plus secret
Que j'ai d'un mot apprivoisé les éléphants,
Dompté serpents et lions, discipliné les tigres,
Dressé tout animal à plume ou poil
Et réconcilié les vivants et les morts
Sous le plus grand des chapiteaux du monde,
Chapiteau de mon cirque magique et magnifique
Où j'ai couru de tous les risques inhumains
Le plus vertigineux et le plus animal,
Le plus sublime et le plus ridicule
Risque d'amour sans filet de sécurité
En habit de lumière aux paillettes d'argent
Que reflétait Lilith en nuit blanche vêtue.

Pour l'accueillir enfin, je me suis recueilli
Au fond de ma mémoire aux formes de Lilith.
Pour la rejoindre enfin, je me suis entêté
Au fond de mon espoir aux formes de Lilith.

Mémoire-espoir en corde raide au centre
Des abîmes d'en bas, des abîmes d'en haut
Des abîmes d'Orient et de ceux d'Occident
Mémoire-espoir tout éblouis, épanouis
Sous l'œil clair de Lilith en nuit blanche vêtue
Aux mains d'étoiles jointes en alléluia,
Aux cheveux dénoués de galaxie en fête,
En congé mérité par grâce d'absolu.

Mémoire-espoir tout éblouis, épanouis
De Lilith à l'œil bleu en bleu de nuit vêtue
Aux mains jointes d'aïeule autant que de fillette
Fourrant des mêmes mots le silence amoureux
De nos âmes sans âge enfin ressuscitées
Toutes deux incarnées, toutes deux étonnées
De leur sexe affranchi qui chante à l'unisson
D'un chœur qui n'avait plus pour maître de chapelle
Qu'un grand soleil d'éclipse aux orgues de minuit,
Au seul rythme du sang d'Adam et de Lilith
En nuit rouge vêtus, en nuit rouge de noces.

1 + 1 = 1

Un charme plus un charme ne font pas deux charmes
Mais se confondent en un charme encor plus grand
Par multiplication de l'un à l'infini.

Méfions-nous des mariages-additions
Et des divorces-soustractions par trop sommaires
Méfions-nous des charmes trop bien calculés :
Quatre-vingt-quinze, soixante-cinq, quatre-vingt-quinze,
Et tous ces nombres d'or en toc arithmétique !

Méfions-nous des croupes trop bien mesurées
Et des tours de poitrine trop vite chiffrés.
Préférons-leur un chiffre plus confidentiel
Et plus docile aussi aux tours de main secrets.

Méfions-nous des pièges des guêpières,
Des porte-jarretelles ou des pigeonnants.
Méfions-nous des balconnants encombrements,
Des débordants décolletés de la corbeille.
Ne nous occupons pas de ces voyous du paradis,
Mais descendons plutôt au parterre, à l'orchestre
D'où l'on voit mieux le praticable à l'avant-scène.

Ainsi de part et d'autre des feux de la rampe
Le spectacle charmant, le spectateur charmé
Ne font qu'un seul et même charme partagé.

Un charme plus un charme ne font pas deux charmes
Mais se confondent en un charme encor plus grand
Par multiplication de l'un à l'infini.

UN SOUFFLE AU CŒUR

Le cœur comme un malentendu mal déchiffré,
Sans pouvoir divorcer de son rythme infidèle,
S'est cocufié tout seul comme un célibataire.

Le cœur en vers rimés, — quels beaux régulateurs !
Le cœur se maria pour se décocufier.

Maria, Maria, tu le recocufias
Ce cœur, de toi mal entendu, mal déchiffré.
Il était tien pourtant, ce cœur en sa défausse
Au creux de la rivière où tu le retrouvas
Dans ta chambre à deux lits où tu t'étais trompée
De lit, par cœur mal entendu, mal déchiffré.

Célibataire Maria mal mariée
Tu t'es remise à battre en te battant la coulpe
Ô plus malentendue, ô plus mal déchiffrée
Jusqu'à ce jour enfin dans une crypte obscure
Où tu fis la rencontre du grand décrypteur
Qui, d'énigme en mystère et par sous-entendus
Fit signe de te taire et devenir complice
D'une antique et dantesque et florentine affaire
Bien au-delà des Guelfes et des Gibelins
Pour démêler au paradis dans la lumière
L'écheveau broussailleux de tes mésaventures.

Mésaventures d'aventure déchiffrées
Bonne aventure de diseuse très diserte
Déclinant tes amours et conjuguant tes verbes
Pour les résumer tous en les recomposant
Par la vertu du verbe unique en toi perdu
Aujourd'hui retrouvé au creux de la rivière
Du lit des amours mortes, mal interprétées
En tant de langues mal comprises, mal connues
D'un Babel où Silence est le seul décrypteur
Du cœur qui saigne désormais sans plus rien dire
Sans plus rien exhaler que son tout premier souffle,
Le premier entendu, le premier déchiffré,
Le premier conjugué de nos premiers parents.

POURRITURE NOBLE
(hommage à l'ange-Sauternes)

Pourriture d'amour, putrescence des sens !
La mort n'est pas la mort, mais accompagnement
De celle d'ici-bas qu'on retrouve là-bas
Et que subtilement me substitue cet ange
Qui sait se souvenir de mes amours terrestres.

Pourriture d'amour, putrescence des sens !
Le plus insensé des paris a plus de sens
S'il mise sur le sens le plus caché des sens :
Le sens recomposé des morts décomposés
Des morts défigurés, des morts transfigurés
Par diffraction de la lumière-béatrice
Par un ange amoureux, un ange disponible
Au sexe plus léger d'autant qu'il est plus grave.

Mais si je ne crois pas que l'ange me rendra
Toutes amours terrestres en amours célestes
Et si je ne sais rien que répéter sur terre
De fleur en fleur, un amour éclectique
De brute jardinière assommée de fumier
Qui n'a plus du désir qu'un désir de désir,
Un fumier de fumier sans fleur ni fin précises,
Alors, je n'aurai plus, pour mon diable borgne
Qu'un vulgaire étalage de vaine effeuilleuse
Aux pétales éparpillés sous l'œil voyeur
Que crèvent les épines de la tige nue…

Alors comment ressusciter Ève ou Lilith
De leur sépulcre vide en mon crâne crevé ?

Pourriture d'amour, putrescence des sens!
La mort n'est pas la mort, mais accompagnement
De celle d'ici-bas qu'on retrouve là-bas
Et que subtilement me substitue cet ange
Qui sait se souvenir de mes amours terrestres.

Ange-Sauternes, salvateur ésotérique
Par pourriture noble en putrescence élue
Par mystère d'amour et mystérieuse essence
De l'ange coprophage compagnon des morts,
Qui effleure mon âme d'un battement d'aile,
D'un frôlement de robe au frou-frou racoleur
Comme passante en un sonnet de Baudelaire.

Ô morte retrouvée, ô toi qui es présage,
Par l'autre d'ici-bas, de l'autre de là-bas!
Ô toi qui viens, qui passes, qui repasses!
Ô toi que j'aime, ô toi qui le sais mieux encore
Que moi tout occupé, par pourriture noble,
À ce poème d'ange en putrescence ailée.

Pourriture d'amour, putrescence des sens!
La mort n'est pas la mort mais accompagnement
De celle d'ici-bas qu'on retrouve là-bas
Et que subtilement me substitue un ange
Qui sait se souvenir de mes amours terrestres.

Pourriture d'amour, putrescence d'essence!
Ange-Sauternes, salvateur ésotérique!
Ô morte retrouvée en ta lie-amertume
Dans ta jarre en tessons, dans ta robe en haillons
Dans ta poussière de dentelle éparpillée
Sur le squelette décharné, décolleté
De ce poème d'ange où je t'ai vue ailée...

Toi, mon âme fossile au fond de ma mémoire,
Ô toi, ma pétrifiée, ô toi, ma liquéfiée,
Ô toi que j'aime, ô toi qui le sais mieux encore
Que moi tout aveuglé de larmes de lumière
Qui sont les larmes d'Ève et celles de Lilith
Et les tiennes aussi comme larmes d'orante
En robe d'eau de mer sans aucune couture,
En robe de vin d'ambre, en robe de vent d'ombre,
Robe couleur du temps qui glisse sur ton corps
Pour le polir d'éternité comme un gisant*.

---

* Comme sur un gisant pour le polir à mort (variante).

CONTRE-ŒUVRE

Nous étions prisonniers d'une mer suspendue
Comme un jardin liquide en quelque Babylone
Interdisant à toute terre d'émerger.

Vague femelle et vague mâle se léchaient
Dans l'informe et le flou des eaux originelles
Dans les flottements mous d'un diluvien délire
Interdisant à toute terre d'émerger.

Larves d'humains en larmes cherchant le limon
De la plus primitive des incarnations
Nous pleurions jusqu'au ciel, nous pleuvions jusqu'au ciel
Dans un appel sans voix à quelque esprit muet
Quand l'œil céleste vint se lester de nos larmes
Pour les couler enfin dans cette forme étrange
D'une première île émergée qui prit ton nom
Et puis d'une deuxième qui reçut le mien
Dans l'énorme et marin baptême d'une plage
Où Dieu sait quel poisson nous avait précédés.

Îles jumelles nous étions en mêmes eaux
Îles de joie aussi chantant d'un même écho.
Mais îles séparées nous sommes devenus
Comme îles vent-dessous et îles vent-debout
Et tristement sont devenus nos deux langages
Par faute d'intellect auquel manqua l'amour
Deux discours étrangers sur des ondes brouillées.

Un vague à l'âme immense et sourd vint à geler
Les bords de mer pour empêcher les retrouvailles
Des vagues de nos plages désormais maudites.

Ô liquide et collante Lilith interdite
Sous l'œil borgne d'un phare qui fouillait ta nuit !
Ô mon Ève interdite aux lèvres déchirées
Aux seins déchiquetés sur l'impossible arête
Des trop mâles rochers d'un âpre Finistère !

De siècle en millénaire les cuisses s'ouvrirent
Sur la faille profonde du sexe-césure
Tout occulté par le tabou et l'interdit
Et l'amour et la mort se sont mis à rimer
Dans la danse macabre où s'éclipsent des astres
Qui ne s'accordent point dans nul calendrier.

Tristesse d'équinoxe en équilibre instable,
Amertume des lunaisons diachroniques
Traversées de solstices toujours solitaires ;
Misère centrifuge des points cardinaux
Qui écartèlent la lumière et la torturent,
Qui censurent de nuit ses rayons démembrés
Et la saignent à mort en se crevant les yeux.

Mais avant que sur nous ne retombe ce sang
Survint la grande aménorrhée millénariste,
Le parfait négatif de l'absolu désir :
Une contre-œuvre en noir de nouvelle amazone
Voulant se mutiler pour un grain de beauté
Qu'elle entendait soustraire aux amours contrefaites.

De tous ces morts vivants qu'elle berçait quand même
Au bord du lit-cercueil où son râle ambigu
Reçu comme un appel de sexe-cicatrice,
Comme une double négation du néant nu,
Devint un oui béant, blessure grande ouverte
Provoquant Androgyne à renverser les tombes
Pour féconder la mort par Ève et par Lilith
Transfigurées dans le miracle d'un dimanche
Dont la lumière cicatrise les carêmes
Et clôture des siècles d'amours suppliciées.

NARCISSISME ANDROGYNE

Ce nu n'est plus néant et pas encor statue
Ce nu est un nuage en larme continue
Ce nu qui me reçoit incontinent m'inonde
Ce nu aux grandes eaux qui m'ont éclaboussé
Ce nu qui m'a noyé dans sa nuit la plus blanche
Ce nu qui s'est illuminé pour m'aveugler
Ce nu qui m'a ouvert les poings que je fermais
Ce nu qui m'a donné des yeux au bout des doigts
Ce nu qui m'a fait voir par ses renvois de nuit
Ce nu de basse fosse au fond du paradis
Ce nu que j'ai coulé comme un potier étrusque
Ce nu Narcisse sous mes doigts qui le pétrissent
Ce nu serti de moi pour s'assurer de soi
Ce nu sans cesse ému de s'être reconnu
Ce nu d'idole issu qui s'adore en mes rêves
Ce nu comme un génie en sa lampe rentré
Ce nu pour qui j'aurais plus de vœux qu'Aladin
Ce nu nature dont je suis surnaturé
Ce nu mortel qui se retrouve en corps de gloire
Le sien?... Le mien?
                    Seul le dira le dieu en nous
Qui ressuscite à la lumière la plus nue.

MA DAME NOSTALGIE

Ma Dame Nostalgie est de très haute mer
Ma Dame Nostalgie ne porte pas sur terre
Ma Dame Nostalgie ne supporte pas l'air
Mais elle me supporte au plus profond des mers
Miroir en nostalgie du plus profond des cieux.

Ma Dame Nostalgie, houleuse et maternelle,
Ma berce l'âme en accalmie, en embellie
Au cœur de rien, Ma Dame, au cœur de tout, Ma Dame,
Voici mon âme en vous qui redevient liquide
Et retrouve sa forme entre vos deux mains jointes,
Jointes au cœur des orages désespérés
Qui font écho à vos tempêtes utérines
Où j'entre en nidation et me mets à l'abri
En profondeur marine et nostalgie des cieux.

Ma Dame Nostalgie des recommencements
Par raccord ou reprise ou renouvellement
Au temps qui coule je me roule et me déroule
À l'heure qui s'écoule d'une montre molle
À l'eau de mes projets d'une vie à vau-l'eau.

Je ne suis si petit, si recroquevillé
Que ne suffise un verre d'eau pour me noyer
Mais si j'élis la mer, la plus que haute mer
Ma Dame Nostalgie, c'est que de cette épée,
Dont j'ai donné, enfant, mes plus beaux coups dans l'eau,

Vous êtes le fourreau sans fond d'une infinie
Nostalgie des amours les plus originelles
Avant qu'on n'inventât la roue et son supplice
Sous les coups des roués qui vous ont tant roulée
Comme si vous n'étiez que flots à fouetter.

Ma Dame qui étiez débutante Lilith,
Ou qui veniez comme Ève, en robe d'amours mortes
Revenez-moi, Ma Dame, et veuillez m'accueillir
Dans tout ce que vous seule êtes en nuageuse
Et nageuse opulence au noyé que je suis.

Ô ma veuve ombrageuse en robe volantée,
Vagues sur vagues vertes de mon vague à l'âme,
En robe volantée de nuit à m'enlever,
De nuit froissée à repasser pour que sans pli
Sur une mer étale s'étalent vos charmes
Et que par ordalie vos eaux me justifient
Et qu'au sortir d'une amnésie amniotique
Je refasse surface à la face du ciel,
Ma Dame Nostalgie en profondeur marine
Ma Dame en nostalgie au plus profond des cieux.

PHOTOGRAPHIE
(ou Éros et Thanatos en chambre noire)

Négatif nu perdu dans une chambre noire :
Futile instantané des fixations frustrées
Dans une chambre nuptiale profanée ;
Désir fossilisé d'un hymen de poussière
Dans une chambre funéraire violée ;
Immobile cliché de fuyante mortelle
En amnésie originelle réfugiée
Au fond des nappes souterraines du Tartare
Où, drapée de noirceur transparente, immodeste
Néant décolleté aux fentes suggestives
Des plus sombres des fjords de quelque Styx polaire,
Une Vénus de glace, froide et rationnelle
Se laisse fondre et disloquer membre par membre
Dans la débâcle d'un printemps iconoclaste.

Ô toi, mortelle en croix sur tes contradictions,
Ô passeuse de morts aux portes de l'amour
Que je prends à revers en revenant des morts
De squelette en squelette et d'os en ossements,
En crâne à crâne, en tête à tête, en corps à corps :
Éros et Thanatos en double négatif,
En momie androgyne, en résurrection
Jetant ses bandelettes comme une effeuilleuse
Navette revenante au noir à l'aveuglette
De mon âme à ton âme, voyeuse voyante
Divine dévoyée à l'écoute des voix
D'un amour racoleur et rédempteur des morts
Nécromant, nécrophage aux ardeurs nécrophiles
De l'absolu en quête de son négatif
Le plus que nu perdu dans une chambre noire.

De cette chambre issu, en double négatif,
En bout de corde ombilicale et positif
Os de tes os, chair de ta chair, cœur de ton cœur
Qui relie au présent la presque trépassée
Mère imparfaite au subjectif le plus défait,
À l'informe des formes les plus déhanchées,
À la débauche nostalgique des ébauches,
À l'esquisse manquée d'un cœur trop défalqué
Du plus abominablement aimable mythe,
D'Ève et Lilith en mère obscure à révéler
Par l'absolu en quête de son négatif
À réveiller, à relever du fond des chambres blanches
Où je renais en toi qui te remets en moi.

MÈRES

Pour le 24ᵉ anniversaire de la mort de ma mère,
décédée à la suite d'un cancer, le 19 mai 1958.

Lilith, par toi, le temps filé m'est refilé,
Ève, par toi, le révolu m'est dévolu,
Et la troupe des mythes passée en revue,
Revues et corrigées, mes amours trépassées...

Tout ce que vous me rappelez de morts antiques,
De générations de morts sédimentaires
Sur vos bras décharnés tout repliés autour
D'un survivant qui égrène son temps perdu
En repoussant des pans entiers de ténébreuse
Et sépulcrale histoire de Pâques pleurées
Dans la rétrospective des amours ravies
À l'infini d'une orpheline nostalgie.

Par charme de grande prêtresse, célébrante
Des virginales morts d'exquises trépassées,
La mort est là qui me caresse jusqu'à l'âme.
Toi, la faucheuse de mon imagier d'enfant,
Te voici maternelle, accueillante putain
Dont nul vivant jamais n'eut le vierge secret
De fille-femme à la licorne capturée
Dont le très seul désir est du sang d'une pierre
Arrachée aux entrailles des volcans éteints.

Dans une tombe viscérale descendu
Je me suis reconnu, fœtus fossilisé,
Enfant d'une défunte aux amours humiliées,
Bâtard posthume, orphelin-né, chassé des eaux,
Amphibie angoissé au bord d'une mer morte.

Mais je gardais un cœur ému de pierre vive
En survivant par cœur en nostalgie marine,
Obéissant au charme austère d'une veuve
Parque puerpérale en veillée mortuaire
Par qui la mise au monde est une mise à mort.

Crevant comme un abcès, crevant à tombe ouverte,
À cœur ouvert mal opéré, mal réparé
D'une blessure mortifère de l'Idée,
Je me dévertébrai par perte médullaire.

J'avisai un sarcome en prolifération
De matière grise et maternelle en crise,
De cancer rationnel en crâne carcéral
Vidé par césarienne ou par trépanation
Pour mettre bas l'Idée en majesté atroce
Sous sa mante mentale en nudité totale,
En froide obscénité de logique assassine,
En surcroît cellulaire, en folie médicale
En fols déchirements d'analyse égarée
De Minerve énervée, abrutie, avortée,
En terminal délire anti-conceptuel
D'une cervelle enfin redevenue fœtale.

Par qui la mise au monde est-elle mise à mort?
Cette énigme de sphinge brûla ma cervelle
Et dans un dernier spasme, en pensée amoureuse,
Mères, je me coulai de méninge en méninge,
Je me coulai dans vos cervelles cancéreuses,
Et je sombrai au fond d'une pensée perdue,
D'une pensée paralytique et grabataire.

Mères mal épousées, mères trop virginales,
J'ai vu vos vies en filigrane de vos morts,
J'ai vu vos lits en filigrane de vos tombes
J'ai vu mon âme en filigrane de vos âmes
Et votre gloire en filigrane de la mienne,
Dans la glace sans tain de mon plus seul désir.

COMA BERENICES*

Toi qui boucles la boucle de toutes amours
En consacrant la boucle de ton seul désir
Du tutoiement total de l'âme mise à nu,
De l'âme dévêtue au temple d'Aphrodite,
Du dénuement final de l'âme qui s'effeuille
Par tempe dégarnie ou mèche blanchissante
Où je lis tes pensers en front de mer étale,
Tes pensers d'adorante et d'orante en beauté,
Tes pensers inédits qui s'impriment sans lettres
Sur ta lèvre, en silence ajouré de baisers
Florentins et fourrés, et tout filigranés
De froufrous d'âmes en alléluias feutrés
En long sostenuto ineffablement nu
De musique muette en notes suspendues,
En points d'orgue écrasés au cœur d'une très douce
Nuit noire au grand décolleté de lune rousse,
Nuit noire au long fourreau fendu d'éclairs muets,
De coups de foudre sourds en fête fantastique
Coups doublés, coups fourrés en carnaval fantôme
De travestis qui se revêtent l'un de l'autre
Déguisés tous et toutes en couleur du temps,
En couleur de couleur, en désir de désir,
Fourrure de fourrure et velours de velours,
Lumière de lumière à pouvoir rallumer
L'image éteinte de notre divinité.

---

* Bérénice — en grec Phérénikê : porteuse de victoire. Fille de Magas, roi de Cyrène, épouse de Ptolémée III. Consacre une boucle de ses cheveux à Aphrodite pour que son mari revienne sain et sauf d'une expédition militaire en Syrie. La boucle disparaît du temple, mais la mythologie s'empare d'elle en astre : la constellation dite Chevelure de Bérénice. Poème de Callimaque adapté par Catulle quelques siècles plus tard et par Pierre Trottier deux millénaires encore plus tard.

Toi la plus-que-parfaite à la boucle coupée
Au temple en reposoir, ta boucle consacrée
Au tutoiement total des âmes amoureuses,
Des âmes de pleureuses les plus silencieuses
Qui n'ont plus de parole au bord du grand mensonge
De la mort qui caresse ta catalepsie
(De gisante ravie aux amours comateuses
Sur autel d'infini encadré de spirales
En quelque Chambre Haute ornée d'un baldaquin) —
De la mort qui te rend à toi-même re-née :
Donna develata, Donna rivelata
Dans cette renaissance qu'une main dessine
Qui t'aime, qui t'aimante et qui toute rassemble
Toute une écartelée offerte aux quatre vents
Toute une dispersée, exposée aux orages
Qui te dévastent, qui profanent ta vallée
Taisant ton cri éteint de torrent desséché.

Toi qui n'es plus que toi que dessine ce doigt
Qui te désigne, qui te pointe et te dénonce
À toi-même à la fin pour que tu te reviennes,
Pour que tu redeviennes cette mienne en moi
Qui me laisse attacher par cette boucle unique,
Ta boucle disparue au temple profané,
Ta boucle ascensionnelle en spirale ascendante
Au ciel qui te recueille, au ciel qui te constelle
Toi, mon astrale, mon occulte sidérale
Chevelure de Bérénice, accroche-cœur
Que mes mains en étoile peignent à l'infini
Radieuse en front de mer, irradiante au feu
Qui te tutoie en moi pour te transfigurer
Te traverser, te consumer, te liquéfier
En étoiles filantes de vaisseau-fantôme,
Porte-victoire appareillant en galaxie,
Ma Bérénice en haute mer d'éternité.

LA MORT DANS L'ÂME

La mort au bout de la plus belle chevelure
La mort en sentinelle au fond de l'âme à bout
D'un marabout tout renversé en bout de vie.
La mort reine d'une âme à l'envers de la vie
D'une louve de vie aboyant à la mort.

Or, cette mort était amour en bout de vie
En reposoir, amour funèbre en humour noir
Sur catafalque débordé de boucles d'or
Au soleil noir d'éclipse débordé de lune.

Humour d'éclipse mis en tombe d'amour noir
En tombe d'amour sombre et de mariage blanc
Dans la stricte rigueur d'un rictus raviné
En posthume amertume d'un dimanche en deuil.

INTERFLORA

Une voix blanche, un noir dimanche, à Mexico :
C'était la mort dans l'âme qui se commandait
(En se décommandant pour me mettre en sursis)
Tout un bouquet fané d'excuses effeuillées,
D'excuses, fleurs coupées, aux parfums d'impudeur,
D'excuses désolées, d'excuses exhalées,
Bouquet d'adieux victimes des grands dieux aztèques,
Adieux éviscérés, adieux d'arrache-cœur.

Ô mort, en t'excusant de t'éclipser ainsi,
Ô mort en me fuyant dans la contradiction
Comme lasso sans nœud coulant, comme liane
En liberté pour des voltiges d'hommes-singes
Ô mort dans l'âme, à Mexico, m'as-tu bien dit
(Comme aigle emblématique enserrant son serpent)
« Comme j'embrasse tout le monde, je t'embrasse » ?

Mais le sursis qu'en te décommandant tu laisses
Est comme un adieu long jusqu'à résurrection
Ô mort, nos adieux fous de survivants impies
Traîneront tout le long d'un bras de Seine ouverte.
En eau lasse et stagnante, nos adieux saumâtres
N'auront point de saveur, ni douce, ni amère.
Ils seront ennuyeux, redits à reculons,
Adieux rentrés comme chevaux en écurie.
Nos adieux moches seront à dormir debout.
Nos adieux mous, dévertébrés et amortis,
Nos adieux débraillés, nos adieux-reniements,
Adieux dépenaillés, adieux dépoitraillés,
Sans orgueil ni tendresse, seront pitoyables
Comme cheveux défaits, sans tresse de regrets,
Sans tristesse, sans coiffe, amorphes, polygames.
Ils seront tout éteints, tous en panne totale

Mais de leur eau très lasse, interminablement
Ils t'éclabousseront pour déteindre sur toi
En tache de silence au travers de ta gorge
Pour t'étouffer enfin comme poire d'angoisse.

…Et du bouquet ne restera, larmes de larves,
Qu'adieux lâchés comme crachats de lâcheté.

CONTRE-VOLUPTÉ

Contre Androgyne en sa double volupté d'être
(Sans dissonance aucune, en parfaite assonance)
S'excita le Jaloux en son néant très simple
Pour attiser par double jeu la séduction
La plus perverse et toute inverse volupté
Par double tentation, par double réduction
Du rêve en rêverie et du réel en rien.

Nul souvenir ne peut survivre, ô mémoire inutile
À cette absence dont tu es toute fourrée !

Aurions-nous malgré nous convoqué ce Jaloux ?
Ce plus que nu qui nous dénude l'un de l'autre
Ce plus que blanc qui nous blanchit à petit feu
Ce plus qu'amer qui nous amène en sécheresse
En terre aride au-delà de toute amertume
Ce plus que chauve qui nous scalpe et nous trépane
Fouillant notre Babel méninge par méninge
Répandant l'amnésie en pourriture ignoble
En transformant la galaxie en cimetière
Aux tombes mal marquées d'années-lumière éteintes
Où Bérénice errante, chauve et désolée,
N'est plus que le hors-d'œuvre d'un contre-chef-d'œuvre
Le hors-texte d'un contre-texte indéchiffrable
Le hors-jeu tout puni de tout un contre-jeu,
Le prétexte épuisé, exhalé, exhumé
Pour la résurrection d'une litote exsangue

Dans le contre-discours d'un sourd-muet aveugle
Par le travail d'une anti-vierge infibulée,
D'une vierge à rebours, licorne vengeresse
À la cause entendue et plus que condamnée
À la barre tordue où des témoins parjures
En triste dissonance et très nulle assonance
Réjouissent le Jaloux qui du fond du néant
N'offre plus tentation, ni séduction, ni rien
Que contre-volupté stérile et dérisoire.

POÈME DE L'ENFANT SAGE

Faire l'amour ne sera pas mon ambition
Mais le refaire là où je le vois mal fait
Comme, si j'étais Dieu, je referais le monde.

Je referais la femme en homme et l'homme en femme,
Je les referais l'un dans l'autre inversement,
Je les mettrais en filigrane l'un de l'autre
Et me tiendrais au beau milieu secrètement.

Terre, je mettrais tes deux pôles dans mes manches.
Je changerais de place Orient et Occident
Et je mettrais au temps des bâtons dans les roues
Pour avoir tout le temps voulu pour tout refaire
Et je n'aurais de cesse d'avoir tout aimé.
J'enfilerais les pantalons des longitudes
Et je mettrais des bottes de sept lieues pour toi
Pour te rejoindre te revoir où que tu ailles
En soulevant les jupes de tes latitudes
Et je te ferais prendre d'un fou rire énorme
Pour avoir dans mes mains ta tête ébouriffée
Et refaire avec toi l'Amour échevelé
Au Carnaval des enfants sages en folie.

JE VIDERAIS

Je viderais les mots de tous leurs sens connus
Et ne conserverais que leur sens interdit
Je viderais le ciel de tout nuage
Et ne conserverais qu'un soleil sec
Je viderais la femme de toutes ses eaux
Je viderais la terre de même manière
Pour qu'il n'y ait plus rien en amont en aval
Nul cours, nul fleuve à descendre ou à remonter
Alors Midi sur terre et Minuit sur la lune
N'auraient plus qu'à se taire et rester solitaires
Dans l'écho assourdi en fond de cloche vide
Des douze coups frappés à contresens stupide
Dans la fête à l'envers de jour comme de nuit
Cendrillon conservant sa pantoufle de vair
Et le Prince Charmant dansant seul à mourir
La valse vaine d'une vie évacuée.

LA ROSE

La rose la plus rouge en rentrant ses épines
Pour redevenir rose rentre ses défenses
Pour mieux s'épanouir en rose toute nue
Consentante et liquide au fond de sa vallée
Au jeu de sa fontaine au cœur des lunaisons.

Sur mes genoux sa tête abandonnée, en paix
Entre mes mains qui se forment en périanthe
Sur son calice et sa corolle où la rosée
Débordant ses pétales coule sur mes doigts.

Elle revient à elle en s'ouvrant de son rêve
À mon oreille qui l'accueille recueillie
Au bord des lèvres d'où s'écoule une eau de rose.

Rose-étoile enserrée entre ses deux nuages
Qui forment ciel de lit pour abriter sa peine
Et le secret d'un temps discontinu qui saigne
Toute sa parenthèse aux lèvres trop ouvertes,
Tout son désir dégoulinant d'éternité
Recomposée en rêve d'Ève retrouvée.

Rose-étoile en épingle sur robe de nuit
Rose en robe d'aurore au temps qui saigne encore
Rose fanée en robe tout éclaboussée
Rose morte de pluie au temps qui te profane
Et qui ruisselle dans tes larmes rougissantes.

Mais rose toute en joie, enfin ressuscitée
En résurgence au fond de la vallée des roses
En Vierge de Vaucluse à la vallée très close
En Vierge de Minuit aux douze coups de sang.

BRÛLURE

Je me jouais de tout, de l'eau comme de l'air.
Je me jouais surtout de tous ces feux croisés
Que je mêlais au gré de mes contradictions
En m'organisant des rendez-vous insolites
De feux contraires et parfois contrariés,
Feux de toutes couleurs dont je me colorais,
Dont je me maquillais sans jamais prendre feu.

Jouant comme au judo du mouvement de l'autre
Dont j'aimais être cause et que je provoquais
Par âme toute souple en immobilité,
Moi la plus que mobile et mobile des autres,
Je me croyais divinement diluvienne
Pluie éternelle à tout éteindre impunément
De tous les feux croisés de mes contradictions.

Salamandre j'étais, ou cerf en fuite agile
Devant ces feux que j'exposais aux vents contraires
Que je faisais souffler pour mieux les attiser,
Pour mieux jouer sans jouir, sans savoir qu'à ces jeux
Je me jouais moi-même enjeu contre-nature :
En misant le zéro, j'ai subi sa blessure,
Une brûlure vive au feu trop attisé,
Mal maîtrisé un jour de Mistral en colère.

Et c'est ainsi que j'éprouvai en contre-amour
Une douleur dont je montrai la cicatrice
À ce poète polyglotte en Pentecôte
Qui m'éclaira dans mon Babel a giorno
En me léchant de toutes ses langues de feu
Et qui m'interpréta, dans Babel incendié
Dans les décombres démembrés du grand brasier,
Les cicatrices d'une vie enfin éteinte :

Les cendres de la salamandre consumée,
Celles aussi du cerf agile asphyxié
Et cette mort dans l'âme plus que désâmée,
La mort d'une captive licorne ravie,
La mort d'une licorne amèrement brûlée.

À LA MODE DU NU EN MOINS

Ton corps à découvert et ton corps recouvert
Ne font qu'un même nu plus ou moins occulté.
L'occulte ici doit être plutôt scrupuleux :
Il est question de centimètre, d'axe et d'équilibre ;
Un vers de trop, un vers de moins peut tout ruiner...

Ton corps à découvert et ton corps recouvert
Ne font qu'un même nu plus ou moins dénudé,
Plus ou moins démodé selon le nu en moins,
Selon le néanmoins d'un ourlet rallongé,
D'un ourlet remonté pour dire en plus ou moins
Ce qu'il faut dire enfin, vêtue ou dévêtue.
Mais pourquoi suggérer ce qui doit être dit ?
Pourquoi exagérer ce qui existe à peine ?
Et pourquoi souligner ce qui existe trop ?
Pourquoi ces fronces effrontées que l'on entrouvre
Sur un excès de grâces qu'il faut contenir ?

Ton corps à découvert ou ton corps recouvert,
Un mot de trop, un mot de moins le met en peine
D'être lui-même en trop peut-être même en peine...

MADAME DE TAVANT*

Madame de Tavant aux deux seins transpercés,
Dans mon dessin en pointillé, discontinu,
Je te refais comme un enfant bien appliqué
En te continuant d'un trait à l'infini
Qui te prolonge à perte d'âme au bout du temps.

Madame de Tavant aux deux seins transpercés
En quête d'une coupe à recevoir ton sang,
Ton lait rougi par la blessure trop subie,
Ton âme à la dérive en névrose de rose
Presque fanée, en quarantaine de toi-même,
Ton âme à la dérive au courant presque nul,
Ton cœur au ralenti, ton cœur en amorti
Aux battements plus qu'alanguis, presque annulés,
Battements affaiblis d'ailes d'oiseau blessé
Au plus creux de son nid formé de mes deux mains.

Madame de Tavant aux ailes traversées,
Je suis allé, un jour d'oiseau de paradis,
Vers toi qui voulais fuir dans un envol d'oiseaux
Mais tu volais si bas, boitant, effarouchée,
Que tu me revenais, ailes et seins blessés
Au vent qui te ramène toujours à Tavant.

---

* Tavant : Commune d'Indre-et-Loire, sur la Vienne. Église romane de Saint-Nicolas (XIIᵉ siècle) connue pour les fresques de sa crypte dont l'une montre une femme aux seins nus transpercés d'une lance, représentation de la luxure, selon une tradition.

Madame de Tavant, ailes et seins blessés,
Miroir aux alouettes de mon seul désir
Miroir aux alouettes de la séduction,
Pourquoi donc à Tavant, devant le tout-venant,
Choisir la tentation d'être toute pour tous ?

Madame de Tavant, ailes et seins soignés,
Au plus beau de nos jours d'oiseaux de paradis,
Dépassons ce miroir, renouvelons l'image :
En transparence essayons de nous traverser
Pour mieux nous retrouver au-delà du reflet,
Pour percer d'Androgyne le double mystère...

Revoyons à Chambord ce bel escalier double,
L'élan d'amour de cette pierre enfin légère,
L'élan ascensionnel des formes enlacées
Femme et homme confondus comme gauche et droite
Dans le double vertige de vriller l'espace
Dans un envol de double lance torsadée
L'une collant à l'autre, lierres d'acier.

Ne sommes-nous pas seuls à savoir à Tavant
Qu'il faut nous revêtir l'un de l'autre en désir
De cette image de notre divinité ?

Madame de Tavant, ailes et seins guéris,
Dans mon dessin en pointillé, discontinu,
Je te refais comme un enfant très appliqué
En te continuant sans fin d'une spirale
Qui te prolonge à perte d'âme au bout du temps.

SÉDUCTION

Qui dira par des mots cette faculté de
transhumaner ?

DANTE

De vos heures heureuses je serais jaloux
Si je ne les vivais d'aussi près que vous
Car je les vis en vous qui les vivez en moi,
L'un par l'autre cernés, sans autre issue aucune
Qu'au cœur même de l'autre en son for intérieur
Dans cette simple et somptueuse volupté
Où femme en homme et homme en femme transhumanent
Pour s'affirmer l'un l'autre en double négatif
Dans la rigueur des séductions qui les dérobent.

À deux, nous disons non pour mieux nous dire oui
En contre et en surcontre de nos contre-temps.
Nous qui comprenons tout en ne retenant rien
Nous retenons la mort tapie au fond du cœur
Qui serpente et qui fraye au long de nos artères
Dans tout ce que nous sommes toujours en sursis.

Dans la triche esquivée en relançant le jeu,
Deux silhouettes : noire sur blanc, blanche sur noir,
Contrevenant à tous les codes trop civils,
Contrefaisant dans l'œuvre au noir toute monnaie
Dans l'entrelacs d'un double spectre de lumière,
Dans le secret d'un double masque translucide
Scandaleux d'assurance, opaque au tout venant
Quand femme en homme et homme en femme transhumanent
Se devinant, se déjouant sans se tromper
S'écrivant, se gravant l'un l'autre en filigrane
Adoubés l'un par l'autre, doubles adorés.

Les mensonges du jour aux dépens de la nuit,
Les invasions de nuit par éclipse en plein jour
À petits pas feutrés d'effractions amoureuses
Et d'œillades complices toujours se compensent.

Seul je ne suis, ni seule, vous, mais composés
Des notes les plus libres dans tous leurs accords :
Musique instantanée à force de reprise
Et de reprise encore et de reprise à mort
De nos heures heureuses qui seraient jalouses
Si nous ne les vivions d'aussi près que nous-mêmes
Qui les vivons en ceux qui les vivent par nous.

ARC DE TRIOMPHE

Aux putains de l'avenue Foch

Ô prêteuses d'amours qui ne vous donnez pas,
D'où viennent ces amours prêtées à fonds perdus,
Amours aux intérêts les plus décomposés ?
Mais où vont ces amours aux lendemains bloqués,
Amours de cul-de-sac ou de sens interdit ?

Ô prêteuses d'amour qui ne vous donnez pas,
Amoureuses d'avance des causes perdues
Des causes derechef jugées plus qu'entendues
Vous qui, avenue Foch, hantez ma contre-allée,
La remontant à contresens, à contre-pied
De grue au regard gris égrenant les désirs,
Mobilisant de mes regrets la Grande Armée
De mes regrets plus étirés, de mes regrets
Plus égrenés que par retraite de Russie
Mes regrets qui remontent les Champs-Élysées
Au rythme cadencé de la marche funèbre
Du soldat que la mort est la seule à connaître
Pour mieux l'offrir à l'abstraite reconnaissance
Des foules trop distraites pour le reconnaître —
Solitaire soldat qui emprunte à la mort
Ce que ne donnent pas les prêteuses d'amour.

ACTION DE GRÂCES

I

Hantise du retour aux sources nostalgiques
De mon Vaucluse en amoureuse résurgence
Hantise du retour à la vie androgyne,
À l'origine résumée en nostalgie,
À l'origine retrouvée à la lumière
D'une divinité à l'image refaite,
D'un paradis à recouvrer sans purgatoire,
Sans antichambre de gésine ou d'agonie,
Mais avec troubadours de toutes nos Provences,
Mais avec Dante et Béatrice en transâmance :
En toi, en moi, en nous quand nous bouclons la boucle
De notre seul désir en spirale inspirée
Qui se prolonge, qui s'enlève à l'infini
Du long fourreau fendu des abîmes d'en bas
Jusqu'au décolleté des abîmes d'en haut.

II

Que cette mode vienne et que ce monde passe :
Que nous nous retrouvions revêtus l'un de l'autre
Sans autre vêtement de honte enfin éteinte
Sans fausseté de fards ni falbalas menteurs
Sans fausse note aucune qui ne sache en nous
Se remettre au diapason d'une justice
Mâle et femelle comme en divine Genèse
Comme Adam pour Lilith ou comme Ève pour lui
Quand chacun se trouvait tout revêtu de l'autre

Sans fausse mise en scène de futurs cadavres
Qui faussement provoquent leur mort à venir
Qui faussement s'esquivent pour tromper leur mort
Et s'endettent d'amours prêtées à fonds perdus...

III

Ensemble nous avons communié l'un à l'autre,
Nous avons échangé nos souffles et nos âmes :
Tu habites mon corps et j'habite le tien,
Ta peau m'est devenue une seconde peau,
Ma peau t'est devenue une seconde peau
Par seconde nature imprégnant la première.

Dans la convertibilité de nos caresses,
De nos monnaies dont se confondent pile et face
Qui donc est l'homme et qui la femme de nous deux ?

Ô ma toute première et ma toute dernière
Dans ce compte à rebours des battements de cœur
Qu'arrête le zéro de la mise amoureuse
Et de la mort qui seule aura ta place en moi
Ô morte siamoise, ô morte gémellée,
Ô morte plus aimante et plus que caressante,
Morte plus-que-parfaite de tous ces poèmes
Qui diront à jamais nos mortelles amours.

JOUET

Moi, jouet de moi-même, en moi-même jouée,
Par moi-même jouée en spectacle sans fin
De tous mes personnages en miroirs de rêves
Pour me fuir en tous sens et me refaire
En transparence au cœur du cœur de ton regard
Qui ne me recompose que par récompense
De ce qui fut ma vie en kaléidoscope :
Jouet de mes jouets, si cher à mon enfance
Que je te rends, moi, revenante revenue
Pour te laisser jouer de moi-même à la fin
En images d'amours kaléidoscopiques
Qui font que toute femme croisée dans la rue
Te renvoie mon image surmultipliée
Et te ramène à moi qui se retrouve en toi.

À MON SEUL DÉSIR

J'ai vu, de mes yeux vu, un grand vaisseau-fantôme
Tous feux éteints, sur la mer morte, en marche arrière,
Chargé de nostalgie et d'amours mortes-nées.

J'ai vu, de mes yeux vu, un grand vaisseau-fantôme
Naviguant à jamais sur les eaux du passé,
Débordant de regrets et d'amours avortées.

Naviguant dans les eaux d'hier et de jamais.
Ses pilotes aveugles braquaient leurs orbites
Sur un trou de mémoire au travers d'un nuage
Et récitaient par cœur leur prière muette
À une morte qui parlait d'amours blessées
À un pirate borgne à la jambe de bois.

Un spectre séduisant au suaire fendu,
Fendu jusqu'au fémur, me faisait du genou
Et me vantait le charme des amours naissantes
Comme feux à multiplier pour mieux s'y voir.

Hélas, tous feux éteints, notre vaisseau-fantôme
N'avait plus rien du tout d'un navire d'amour
Et tous ses membres d'équipage sourds-muets
Ne repassaient plus rien que mortelles histoires.

Qu'avais-tu donc à me parler d'amours naissantes
Quand le désir conscrit, voué à tous les bagnes
Se trouvait circonscrit et mené à la mort
Par puissances d'en haut, par puissances d'en bas
À moins de renaissance en amours renaissantes.

INÉDITS

1958-1984

SI JE RÊVE À LA MORT

Si je rêve à la mort
Et si je me réveille
C'est pour réaliser mon rêve
Et mieux me rendormir
Pour rêver à jamais

1958

OÙ COULERONT LES EAUX DU SAINT-LAURENT?

Où couleront les eaux du Saint-Laurent
Quand il aura changé de nom
Où couleront ses eaux humiliées
Quand il ne saura plus son origine

Quand ceux qui l'on nommé ne seront plus
Qu'un souvenir plus plat que banc de sable
Que les marins d'une époque étrangère
Contourneront sans y penser

Que porteront ses vagues prolétaires
Quand nous ne leur donnerons à bercer
Que les épaves rouillées par la honte
De nos navires noyés dans l'histoire

Où couleront les eaux du Saint-Laurent
Quand il aura changé de nom

1959

MISÉRICORDE

Sorti du ventre de la forêt vierge,
Il naquit à la plaine un demi-jour d'hiver ;
Son père était l'esprit qui règne dans les bois
Et dont la forme en ce demi-jour-là
Était celle d'un renne à l'agonie
À deux pas d'un torrent fuyard.

Un jour que tous les diables de l'enfer
Aboyaient par la gueule des loups,
Il comprit qu'il neigeait de grandes ailes d'anges
Pour protéger ce monstre qu'il était —
Cet animal qu'Adam n'aurait pas su nommer,
Cet animal qui n'avait pas de jambes
Et qui comptait les pas perdus des hommes.

Il lui fallut pour vivre si longtemps
Beaucoup de neige et de miséricorde
Mais le jour où la plaine souillée par sa présence
Lui fit un trou de rat pour sépulture,
Pour dire « amen », quelques flocons suffirent.

Puis la forêt s'est mise à sa recherche,
Comme une armée, a traversé la plaine ;
Et les arbres à la tête de sa tombe
Sont venus se placer en forme de croix.

1959

STRIP-TEASE ET NUPTIALE AGONIE

Lentement tu te dépouillais sous nos yeux
Un à un tu mettais tous tes os à nu
Et sur la vision que tu offrais
De ton squelette aux provocantes impudeurs
S'éteignaient d'un seul coup les lampes d'espérance

Tu nous enlaçais tous, tu aspirais nos souffles
Tes dents nues déchiraient nos langues et nos lèvres
Tu broyais tout ce qu'on avait de tendre
Tu découpais nos chairs d'une phalange sûre
En autant de caresses expertes
Apprises depuis le début du monde

Tu savais ton métier, putain de mort
Tu savais même ménager les cœurs en fin d'extase
En plongeant ta main dans nos poitrines pour les prendre
Comme oiseaux perdus pour leur construire un nid
Entre ta paume et tes phalanges recourbées.

1960

THE CHILD IS FATHER OF THE MAN

Orphelin me voici,
Orphelin de mes enfants,
De tout ce que j'ai fait pour eux ;
De mes raisons de vivre
Me voici orphelin.

J'ai perdu l'avenir
Qui me tirait à lui,
Qui me faisait grandir,
Soleil qui dégageait
Mes feuilles, ma verdure.

La foudre, une rafale,
Mes feuilles emportées,
J'ai la sève glacée,
Les branches sèches et cassantes,
Et je n'ai plus de larmes,
Orphelin, pour pleurer mes enfants.

1961

PARIS

Paris
Je t'ai roulé des flots plus vifs que ceux de Seine
Paris
Dans ton ciel j'ai soufflé plus fort que la tempête
Paris
J'ai filé dans tes rues plus vite que pompiers
Et autour de tes arbres j'ai tourbillonné
Paris, plus follement que feuille morte au vent

Paris,
J'ai fait danser toutes tes lumières
Dans le bal le plus populaire
Et j'ai vidé d'un coup de langue pantagruélique
Tes Halles et tes caves et toutes tes cuisines

Paris
Toutes tes filles prises dans un seul élan
Je les ai toutes embrassées d'un seul baiser
Et toutes rhabillées d'une seule couture

Paris
Je t'ai tout mendié plus que nonne ou clochard
Et tout pris à la tire d'un seul coup de main

Paris à bouchées doubles
Paris à journées doubles
Paris à nuitées doubles
À grand verre de jour et de nuit panachés,
En brûlant tout par les deux bouts
J'ai fait deux vies dans une dans Paris.

1965

À L'USINE MARÉMOTRICE DE LA RANCE

Quand la Rance entre en transes
Elle passe la Manche
Et file vers le Nord
Sous la lune des veuves

En retroussant ses manches
Avec les gars du Nord
Elle fouille les fjords
Avec des bras de pieuvre
Et fait l'amour à mort
En silence polaire

Tout est de circonstance
Quand la Rance entre en transe
Trans-sexuée en France
Traversée en passant
D'eau douce en eau de mer
Ou vice-versa quel travers

Étrange bigamie
De belle fille-femme
De belle vierge-veuve
D'androgyne noyé
Entre eau douce et de mer
Qui l'une et l'autre émeuvent
Ève ma toute neuve
En costume d'Adam

1967

321

MOSKOVNYE VYETCHÉRA

Doux, doux comme la nuit
Moscovite au mois d'août

Comme nuit calme moscovite
En ce beau début d'août

Débat très doux entre mon âme
Et l'âme russe au mois débutant d'août

Doux débat d'août de l'amoureuse
Désâmante et désarmante
Dame d'août à l'âme plus que douce
Et transhumante et transâmante
De son corps à mon corps de fin d'été...

De fin d'été ou de fin d'être !

Où sont mes aîtres, ô ma maîtresse ?
En maison maître sous poutre maîtresse !

Où sont mes tresses en détresse
De coiffeuse traîtresse qui me dresse
Les cheveux sur la tête... Où suis-je donc,
Moi, la moscovite au mois d'août
Femme et tremblante en ce moite mois d'août
Sous les trembles et les bouleaux d'argent
De vif argent et de vive eau
Qui coulent chez les morts de Moscovie
Les morts très doux, calmes et ennuités
Plus que nuit moscovite au mois d'août.

1971

322

224.89.29

À Lucienne Letondal

Une pépée des pététés m'a répété
En bé-bé-bégayant son nu-nu-numéro :
C'était deux cent vingt-quatre, quatre-vingt-neuf, vingt-neuf,

Deux deux bien bégayés et bien additionnés
Deux deux, eh bien, deux à eux deux, font à eux quatre
Et quatre syncopé, soit quatre bégayé
Font quatre-quatre, ou quatre-quarts (gâteau breton !)

Quatre quatre vingt-neuf
C'est quatre vins tous neufs
Un nouveau beaujolais à boire avec un œuf

C'est deux tétons des pététons qui répétont
Et Ron Ron petit pon et petipatapon
Et c'est ainsi qu'on fait des maths quatre par quatre
Et qu'on finit en bégayant : teuf, teuf, teuf, teuf
En haletant, en hoquetant, vingt-neuf, vingt-neuf.

Jamais on n'aura vu, jamais on ne verra
Un plus beau numéro de nu à l'opéra de Paris :
Que le 224.89.29.

Or depuis fin 85 ajoutez 4
Ajoutez-le sans pour autant vous mettre en 4
Et sans non plus vous mettre à 4 pattes
Ni mettre en quarantaine ma Lucienne amie
À son quarante-deux et cætera
Où sa voix sera celle qui vous hantera,
Celle de son fantôme à poil à l'Opéra.

1980

RODÉO MACABRE

Il y a des chevaux ici-bas
Qui n'auront pas compris ma chevauchée
Qui n'auront pas compris l'élan de mes juments
Qu'ici-bas je démène en ma démence :
Je me cavale et je dévale ma vallée
Où s'avalise ma raison d'amont
Par quel démon dément de vieil amant
Désâmant, transâmant de la mort à la vie
Inhumainement exhumant
De tout petits poneys tout ridicules
Dont je fais l'élevage pour des jockeys nains

1980

AVORTEMENT

Elle frappe à ma porte. Elle est au bord des larmes.
Je lui ouvre, elle laisse éclater un déluge
Et je pleure avec elle qui pleure avec moi
Sur un fœtus noyé dont nous gardons mémoire,
Mémoire flasque et glauque sous les eaux versées
Sur sa peine et la mienne portées disparues.
Nos peines englouties, nos peines naufragées
S'endorment presque en nous, fœtales et sans nom
Souvenirs submergés mais qui refont surface
Et refluent à ma porte encore au bord des larmes...
Ils font le tour de notre vie et de nos ruines
Au moment du retrait d'une eau amniotique
Qu'il nous reste à verser... Mémoire jette un long
Regard de morte que supportent nos regards.
Nous nous en relevons en douleur androgyne
Et nous nous dévêtons l'un l'autre de nos ombres.
Nous nous dépouillons de nos corps et nos silences
Vont l'un de l'autre gravement se revêtir
En échangeant un long regard sacramentel.

1981

PRÉDÉCÈS

Comment me survit-elle, ma prédécédée ?

En m'appelant du fond d'un cercueil à deux places
Pour convoler pour consommer secondes noces ?

Est-ce ainsi que je dois porter cet inutile
Prénom d'Adam tout le long du vieil âge
Et m'installer dans un deuxième demi-siècle
Quand plus jamais nous ne saurions ressusciter,
Morts en sursis, pétant de santé périmée ?

Les temps sont mûrs. Est-ce l'éternité qui sourd ?
Les temps sont morts. Est-ce l'éternité qui point ?

*

Elle est partie
L'éternité
M'a laissé vierge
Toute ma vie.
J'en suis mort-né.

Il est venu,
M'a déflorée :
Le Rédempteur
Fleurant la vie
Pour relever
Mes revenants.

Il m'a rendue
Vierge féconde :
Vivante et morte
En dormition,
En assomption,
En survivante
Absolution
De mon amour
Prédécédé
Pour préparer
— Secondes noces —
Le chaste hymen
Des corps de gloire.

1981

LA SERPILLIÈRE VOLANTE

Assise sur son seuil
Une sale sorcière
Saluait sa voisine
À coups de serpillière :

Bonjour, madame K :
— Non, c'est madame Ça
    Avec un C
    C'est comme ça
— Vous en faites donc cas
— Mais non, puisque c'est C.
— Cesser, mais cesser quoi ?
— Ce que me ressassez
    D'une dispute de C dur et de cédille
    Qui ne se valent pas en aucun cas.

Et voisine et sorcière
Se tournèrent le dos
En secouant leurs serpillières
Dans un nuage de poussière
Dont sortit par magie
Une autre serpillière
Frémissante et volante
Où le C dur la bouche en cœur
Invita comme un frère
La Cédille sa soeur
À se mettre d'accord
Pour voler aux Açores
En laissant à leur sort
Les langues malheureuses qui n'ont de cédille !

1982

L'ABSENTE

Je suis l'absente,
Ombre passante et repassante
Qui plante là les mimosas d'ici,
Qui plante ici les roses de là-bas.

Platanes de Saumane qui transplantent
Ici mon âme de là-bas
Et là, mon âme d'ici-bas
Mon âme transplantée, mise à l'amende au Rhône
Qui fait là-bas l'aumône, à l'aune des pensers
L'aune qui me dispense, austère, une sentence.

Franchi le seuil d'un certain âge qui est mien
Franchi le seuil de la beauté qui était mienne
Je me trouve en patience de foi et je chante
Je chante selon rite et rythme d'autres fois.

Les autres fois, en avais-je la foi, ma foi?
Pourquoi? Pourtant... ma foi, j'étais si près de toi
J'étais si belle que j'ai cru en moi
Mais n'en crois rien de plus et ne crois plus qu'en toi.

Ma foi, c'est loi!
Rapproche-toi de moi pour que je croisse en toi
Et ne sois plus absence, mais présence en toi.

1983

329

AU LECTEUR INCONNU

Ô lecteur inconnu
Endormi dans mes livres,
Enseveli peut-être,
Hommage à tes méninges !

Ô lecteur inconnu
Bercé de mots émus
Ou de vers imprévus,
Hommage à tes méninges !

Ô lecteur inconnu
Sous un livre endormi
Au soleil de Midi
Hommage à tes méninges !

Ô lecteur inconnu
Que ce livre sur toi
Comme un Arc de Triomphe
Soit de toutes ses pages
Hommage à tes méninges,
Ô lecteur inconnu.

1984

CI-GÎT

Ci-gît en no man's land
Comme en no woman's land
Par-delà la frontière,
Ci-gît, vraiment mortel,
Le plus morne péché,
L'inexpiable oubli…

Mémoire en contrition
Plus que parfaite, dites,
En voile plus que noir
En plus que veuve, dites :
À bout de souvenirs
Je me souviens encore.

1984

PIERRE TROTTIER

Pierre Trottier est né à Montréal en 1925. Après des études classiques au Collège Sainte-Marie, puis au Collège Jean-de-Brébeuf, il obtient une licence en droit de l'Université de Montréal (1945) et est admis au Barreau (1946).

Il passe trois ans au secrétariat de la Chambre de commerce du district de Montréal, puis il rédige avec François-Albert Angers un mémoire sur la répartition des pouvoirs fiscaux entre Ottawa et les provinces, de manière à respecter l'autonomie québécoise en la matière. Il participe également à la rédaction d'un premier réquisitoire de Pacifique Plante sur la police de Montréal, dossier que recueillera éventuellement Jean Drapeau avant de devenir maire de Montréal.

Le 15 août 1949, il entre au ministère des Affaires extérieures. Détaché au cabinet du premier ministre Saint-Laurent, c'est l'occasion pour lui d'observer de près les chefs politiques de l'époque.

En 1951, il publie son premier recueil de poèmes, *Le combat contre Tristan*, et reçoit sa première affectation diplomatique, à Moscou. Il apprend le russe, constate les séquelles de la guerre et de la terreur stalinienne, et assiste aux obsèques du dictateur, décédé le 5 mars 1953. L'année suivante, il épouse Barbara Theis, née au Guildford, dans le Surrey, en Angleterre avec qui il aura trois enfants. Amour et mort, éternels thèmes poétiques ébauchés dès son premier recueil de poésie, prendront forme dans ceux qui suivront : *Poèmes de Russie* (1957), écrit à Moscou, et *Les belles au bois dormant* (1960).

Nommé à Djakarta en 1956, il découvre l'Islam et l'Orient. Celui de l'Asie centrale, déjà visitée en 1954 lors d'un voyage en Ouzbékistan, patrie d'Avicenne et lieu de prédication de Zarathoustra, mais aussi l'Orient des poètes soufis, Ibn Arabi en tête.

Trève de postes exotiques, il est muté à Londres fin 1957. Il fréquente la National Gallery, voisine du Canada House, sur Trafalgar Square : coup de foudre pour *La Vénus au miroir*, l'unique nu de Vélasquez. À Paris, en congé, il reste ébahi devant *La*

Dame à la licorne du musée de Cluny. De retour à Ottawa, il publie *Mon Babel* en 1963.

En 1964, il devient conseiller culturel à Paris où il s'occupe activement des tournées des orchestres de Toronto et de Montréal, du Théâtre de l'Égrégore, des Feux-Follets, de Monique Leyrac, etc.

Il est à nouveau affecté à Moscou, en 1970, comme ministre conseiller à l'ambassade. À distance, la Crise d'octobre lui inspire le poème « Mouvance », dans son recueil *Sainte-Mémoire* (1972). Il prépare la visite officielle du premier ministre Trudeau en mai 1971.

Nommé ambassadeur au Pérou en 1973, il prend conscience de la foncière communauté de culture entre les Indiens de toutes les Amériques, du Sud, du Centre et du Nord. De retour au pays en 1976, il devient conseiller diplomatique auprès de Son Excellence le gouverneur général, monsieur Jules Léger. Il publie en 1979 *Un pays baroque*; la même année, il est nommé ambassadeur auprès de l'UNESCO.

En janvier 1984, il fait valoir ses droits à la retraite. Il publie aux Éditions de l'Hexagone *La chevelure de Bérénice* (1986) et *Ma Dame à la licorne* (1988).

Collaborateur à *Cité libre,* à *Liberté* et aux *Écrits du Canada français*, Pierre Trottier a reçu le prix David en 1960 pour *Les belles au bois dormant* et le prix de la Société des gens de lettres en 1964 pour *Le retour d'Œdipe*. Depuis 1978, il est membre de la Société royale du Canada.

BIBLIOGRAPHIE

Le combat contre Tristan, poésie, Éditions de Malte, 1951.

Poèmes de Russie, poésie, Éditions de l'Hexagone, 1957.

Les belles au bois dormant, poésie, Éditions de l'Hexagone, 1960.

Le retour d'Œdipe, poésie, Écrits du Canada français, n° 13, 1962.

Mon Babel, essai, Éditions HMH, 1963.

Retours, poésie, Écrits du Canada français, n° 29, 1970.

Sainte-Mémoire, (*Le combat contre Tristan*, *Le retour d'Œdipe*, *Retours*, *Le retour d'Androgyne*), poésie, Éditions HMH, 1972.

Un pays baroque, essai, Éditions La Presse, 1979.

La chevelure de Bérénice, poésie, Éditions de l'Hexagone, 1986.

Ma Dame à la licorne, essai, Éditions de l'Hexagone, 1988.

TABLE

L'AMOUR LA TERRE

INCARNATION

POÈMES DE RUSSIE

LES BELLES AU BOIS DORMANT

LA CHEVELURE DE BÉRÉNICE

COLLECTION RÉTROSPECTIVES

Michel Beaulieu, *Desseins*, poèmes 1961-1966
Nicole Brossard, *Le centre blanc*, poèmes 1965-1975
Nicole Brossard, *Double impression*, poèmes et textes 1967-1984
Yves-Gabriel Brunet, *Poésie I*, poèmes 1958-1962
Cécile Cloutier, *L'écouté*, poèmes 1960-1983
Michel Gay, *Calculs*, poèmes 1978-1986
Roland Giguère, *L'âge de la parole*, poèmes 1949-1960
Jacques Godbout, *Souvenirs shop*, poèmes et proses 1956-1980
Gérald Godin, *Ils ne demandaient qu'à brûler*, poèmes 1960-1986
Alain Grandbois, *Poèmes*, poèmes 1944-1969
Paul-Marie Lapointe, *Le réel absolu*, poèmes 1948-1965
Isabelle Legris, *Le sceau de l'ellipse*, poèmes 1943-1967
Olivier Marchand, *Par détresse et tendresse*, poèmes 1953-1965
Pierre Morency, *Quand nous serons*, poèmes 1967-1978
Fernand Ouellette, *Poésie*, poèmes 1953-1971
Fernand Ouellette, *En la nuit, la mer*, poèmes 1972-1980
Pierre Perrault, *Chouennes*, poèmes 1961-1971
Pierre Perrault, *Gélivures*, poésie
Alphonse Piché, *Poèmes*, poèmes 1946-1968
Fernande Saint-Martin, *La fiction du réel*, poèmes 1953-1975
Michel van Schendel, *De l'œil et de l'écoute*, poèmes 1956-1976

COLLECTION PARCOURS

Claude Haeffely, *La pointe du vent*

ANTHOLOGIES

Laurent Mailhot, Pierre Nepveu, *La poésie québécoise des origines à nos jours*
Jean Royer, *La poésie québécoise contemporaine*

José Acquelin, *Tout va rien*
Anne-Marie Alonzo, *Écoute, Sultane*
Anne-Marie Alonzo, *Le livre des ruptures*
Marie Anastasie, *Miroir de lumière*
Élaine Audet, *Pierre-feu*
Jean Basile, *Journal poétique*
Jean A. Baudot, *La machine à écrire*
Germain Beauchamp, *La messe ovale*
Michel Beaulieu, *Le cercle de justice*
Michel Beaulieu, *L'octobre*
Michel Beaulieu, *Pulsions*
André Beauregard, *Changer la vie*
André Beauregard, *Miroirs électriques*
André Beauregard, *Voyages au fond de moi-même*
Marcel Bélanger, *Fragments paniques*
Marcel Bélanger, *Infranoir*
Marcel Bélanger, *Migrations*
Marcel Bélanger, *Plein-Vent*
Marcel Bélanger, *Prélude à la parole*
Marcel Bélanger, *Saisons sauvages*
Louis Bergeron, *Fin d'end*
Jacques Bernier, *Luminescences*
Réginald Boisvert, *Le temps de vivre*
Yves Boisvert, *Chiffrage des offenses*
Denis Boucher, *Tam-tam rouge*
Roland Bourneuf, *Passage de l'ombre*
Jacques Brault, *La poésie ce matin*
Pierre Brisson, *Exergue*
André Brochu, *Délit contre délit*
Nicole Brossard, *Mécanique jongleuse* suivi de *Masculin grammaticale*
Nicole Brossard, *Suite logique*
Antoinette Brouillette, *Bonjour soleil*
Alice Brunel-Roche, *Arc-boutée à ma terre d'exil*
Alice Brunel-Roche, *Au creux de la raison*
Françoise Bujold, *Piouke fille unique*
Michel Bujold, *Transitions en rupture*
Jean Bureau, *Devant toi*
Pierre Cadieu, *Entre voyeur et voyant*
Mario Campo, *Coma laudanum*
Georges Cartier, *Chanteaux*
Paul Chamberland, *Demain les dieux naîtront*
Paul Chamberland, *Demi-tour*
Paul Chamberland, *Éclats de la pierre noire d'où rejaillit ma vie*
Paul Chamberland, *L'enfant doré*
Paul Chamberland, *Le prince de sexamour*
Paul Chamberland, *Terre souveraine*
Paul Chamberland, *Extrême survivance, extrême poésie*
Paul Chamberland, Ghislain Côté, Nicole Drassel, Michel Garneau, André Major, *Le pays*
François Charron, *Au « sujet » de la poésie*
François Charron, *Littérature/Obscénités*
Pierre Châtillon, *Le mangeur de neige*
Pierre Châtillon, *Soleil de bivouac*
Herménégilde Chiasson, *Mourir à Scoudouc*
Jacques Clairoux, *Cœur de hot dog*
Cécile Cloutier, *Chaleuils*
Cécile Cloutier, *Paupières*
Guy Cloutier, *Cette profondeur parfois*
Jean Yves Collette, *L'état de débauche*
Jean Yves Collette, *Une certaine volonté de patience*
Gilles Constantineau, *Nouveaux poèmes*
Gilles Constantineau, *Simples poèmes et ballades*

Gilles Hénault, *À l'inconnue nue*
Alain Horic, *Blessure au flanc du ciel*
Alain Horic, *Les coqs égorgés*
Jean-Pierre Issenhuth, *Entretien d'un autre temps*
Michel Janvier, *L'œkoumène écorché vif*
Jaquemi, *Des heures, des jours, des années*
Monique Juteau, *La lune aussi...*
Jacques Labelle, *L'âge premier*
Guy Lafond, *Poèmes de l'Un*
Michèle Lalonde, *Défense et illustration de la langue québécoise* suivi de *Proses et poèmes*
Michèle Lalonde, *Métaphore pour un nouveau monde*
Michèle Lalonde, *Speak white*
Michèle Lalonde, *Terre des hommes*
Robert Lalonde, *Kir-Kouba*
Gilbert Langevin, *L'avion rose*
Gilbert Langevin, *La douche ou la seringue*
Gilbert Langevin, *Les écrits de Zéro Legel*
Gilbert Langevin, *Le fou solidaire*
Gilbert Langevin, *Griefs*
Gilbert Langevin, *Issue de secours*
Gilbert Langevin, *Mon refuge est un volcan*
Gilbert Langevin, *Novembre* suivi de *La vue du sang*
Gilbert Langevin, *Origines*
Gilbert Langevin, *Ouvrir le feu*
Gilbert Langevin, *Stress*
Gilbert Langevin, *Les mains libres*
Gatien Lapointe, *Arbre-radar*
Gatien Lapointe, *Le premier mot* précédé de *Le pari de ne pas mourir*
Paul-Marie Lapointe, *Écritures*
Paul-Marie Lapointe, *Tableaux de l'amoureuse* suivi de *Une, unique, art égyptien, voyage & autres poèmes*
Paul-Marie Lapointe, *The terror of the snows*
Jean Larochelle, *Fougères des champs*
Jean Larochelle, *Lunes d'avril*
Raymond Leblanc, Jean-Guy Rens, *Acadie/expérience*
André Leclerc, *Journal en vers et avec tous*
André Leclerc, *Poussières-Taillibert*
Claude Leclerc, *Toi, toi, toi, toi, toi*
Michel Leclerc, *Écrire ou la disparition*
Michel Leclerc, *La traversée du réel* précédé de *Dorénavant la poésie*
Luc Lecompte, *Ces étirements du regard*
Luc Lecompte, *Les géographies de l'illusionniste*
Jean Leduc, *Fleurs érotiques*
Dennis Lee, *Élégies civiles et autres poèmes*
Pierrot Léger, *Le show d'évariste le nabord-à-Bab*
Isabelle Legris, *Sentiers de l'infranchissable*
Raymond Lévesque, *Au fond du chaos*
Raymond Lévesque, *On veut rien savoir*
André Loiselet, *Le mal des anges*
Andrée Maillet, *Le chant de l'Iroquoise*
Andrée Maillet, *Élémentaires*
Alain Marceau, *À la pointe des yeux*
Olivier Marchand, *Crier que je vis*
Gilles Marsolais, *La caravelle incendiée* précédé de *Souillures et traces* et de *L'acte révolté*
Gilles Marsolais, *Les matins saillants*
Gilles Marsolais, *La mort d'un arbre*
Robert Marteau, *Atlante*
Jean-Paul Martino, *Objets de la nuit*
Pierre Mathieu, *Ressac*
Yves Mongeau, *Les naissances*
Yves Mongeau, *Veines*
Pierre Morency, *Torrentiel*
Pierre Morency, *Au nord constamment de l'amour*
Pierre Morency, *Effets personnels* suivi de *Douze jours dans une nuit*
Lorenzo Morin, *L'arbre et l'homme*

Lorenzo Morin, *Le gage*
Lorenzo Morin, *L'il d'elle*
Pierre Nepveu, *Couleur chair*
Pierre Nepveu, *Épisodes*
Denys Néron, *L'équation sensible*
Georges Noël, *Poèmes des êtres sensibles*
Marie Normand, *Depuis longtemps déjà*
Yvan O'Reilly, *Symbiose de flashes*
Fernand Ouellette, *À découvert*
Fernand Ouellette, *Ici, ailleurs, la lumière*
Fernand Ouellette, *Les heures*
Ernest Pallascio-Morin, *Les amants ne meurent pas*
Ernest Pallascio-Morin, *Pleins feux sur l'homme*
Yvon Paré, *L'octobre des Indiens*
Diane Pelletier-Spiecker, *Les affres du zeste*
Claude Péloquin, *Chômeurs de la mort*
Claude Péloquin, *Inoxydables*
Claude Péloquin, *Le premier tiers*, Œuvres complètes 1942-1975, vol. 1
Claude Péloquin, *Le premier tiers*, Œuvres complètes 1942-1975, vol. 2
Claude Péloquin, *Le premier tiers*, Œuvres complètes 1942-1975, vol. 3
Pierre Perrault, *Ballades du temps précieux*
Pierre Perrault, *En désespoir de cause*
Richard Phaneuf, *Feuilles de saison*
François Piazza, *Les chants de l'Amérique*
François Piazza, *L'identification*
Jean-Guy Pilon, *Poèmes 71*, Anthologie des poèmes de l'année au Québec
Louise Pouliot, *Portes sur la mer*
Bernard Pozier, *Lost Angeles*
Yves Préfontaine, *Débâcle* suivi de *À l'orée des travaux*
Yves Préfontaine, *Nuaison*
Yves Préfontaine, *Pays sans parole*
Daniel Proulx, *Pactes*
Raymond Raby, *Tangara*
Luc Racine, *Les jours de mai*
Luc Racine, *Le pays saint*
Luc Racine, *Villes*
Michel Régnier, *Les noces dures*
Michel Régnier, *Tbilisi ou le vertige*
Jean-Robert Rémillard, *Sonnets archaïques pour ceux qui verront l'indépendance*
Mance Rivière, *D'argile et d'eau*
Guy Robert, *Et le soleil a chaviré*
Guy Robert, *Québec se meurt*
Guy Robert, *Textures*
Claude Rousseau, *Les rats aussi ont de beaux yeux*
Claude Rousseau, *Poèmes pour l'œil gauche*
Jean-Louis Roy, *Les frontières défuntes*
Jean Royer, *Faim souveraine*
Jean Royer, *Les heures nues*
Jean Royer, *La parole me vient de ton corps* suivi de *Nos corps habitables*
Jean Royer, *Le chemin brûlé*
Jean Royer, *Depuis l'amour*
Daniel Saint-Aubin, *Voyages prolongés*
André Saint-Germain, *Chemin de desserte*
André Saint-Germain, *Sens unique*
Madeleine Saint-Pierre, *Émergence*
Madeleine Saint-Pierre, *Empreintes*
Sylvie Sicotte, *Infrajour*
Sylvie Sicotte, *Pour appartenir*
Sylvie Sicotte, *Sur la pointe des dents*
Maurice Soudeyns, *L'orée de l'éternité*
Maurice Soudeyns, *La trajectoire*
Julie Stanton, *À vouloir vaincre l'absence*
Julie Stanton, *La nomade*
Nada Stipkovic, *Lignes*

COLLECTION DE POCHE TYPO

1. Gilles Hénault, *Signaux pour les voyants*, poésie, préface de Jacques Brault (l'Hexagone)

2. Yolande Villemaire, *La vie en prose*, roman (Les Herbes Rouges)

3. Paul Chamberland, *Terre Québec* suivi de *L'afficheur hurle*, de *L'inavouable* et *d'Autres poèmes*, poésie, préface d'André Brochu (l'Hexagone)

4. Jean-Guy Pilon, *Comme eau retenue*, poésie, préface de Roger Chamberland (l'Hexagone)

5. Marcel Godin, *La cruauté des faibles*, nouvelles (Les Herbes Rouges)

6. Claude Jasmin, *Pleure pas, Germaine*, roman, préface de Gérald Godin (l'Hexagone)

7. Laurent Mailhot, Pierre Nepveu, *La poésie québécoise*, anthologie (l'Hexagone)

8. André-G. Bourassa, *Surréalisme et littérature québécoise*, essai (Les Herbes Rouges)

9. Marcel Rioux, *La question du Québec*, essai (l'Hexagone)

10. Yolande Villemaire, *Meurtres à blanc*, roman (Les Herbes Rouges)

11. Madeleine Ouellette-Michalska, *Le plat de lentilles*, roman, préface de Gérald Gaudet (l'Hexagone)

12. Roland Giguère, *La main au feu*, poésie, préface de Gilles Marcotte (l'Hexagone)

13. Andrée Maillet, *Les Montréalais*, nouvelles (l'Hexagone)

14. Roger Viau, *Au milieu, la montagne*, roman, préface de Jean-Yves Soucy (Les Herbes Rouges)

15. Madeleine Ouellette-Michalska, *La femme de sable*, nouvelles (l'Hexagone)

16. Lise Gauvin, *Lettres d'une autre*, essai/fiction, préface de Paul Chamberland (l'Hexagone)

17. Fernand Ouellette, *Journal dénoué*, essai, préface de Gilles Marcotte (l'Hexagone)

18. Gilles Archambault, *Le voyageur distrait*, roman (l'Hexagone)

19. Fernand Ouellette, *Les heures*, poésie (l'Hexagone)

20. Gilles Archambault, *Les pins parasols*, roman (l'Hexagone)

21. Gilbert Choquette, *La mort au verger*, roman, préface de Pierre Vadeboncœur (l'Hexagone)

22. Nicole Brossard, *L'amèr ou Le chapitre effrité*, théorie/fiction, préface de Louise Dupré (l'Hexagone)

23. François Barcelo, *Agénor, Agénor, Agénor et Agénor*, roman (l'Hexagone)

24. Michel Garneau, *La plus belle île* suivi de *Moments*, poésie (l'Hexagone)

25. Jean Royer, *Poèmes d'amour*, poésie, préface de Noël Audet (l'Hexagone)

26. Jean Basile, *La jument des Mongols*, roman, préface de Carole Massé (l'Hexagone)

27. Denise Boucher, Madeleine Gagnon, *Retailles*, essais/fiction (l'Hexagone)

28. Pierre Perrault, *Au cœur de la rose*, théâtre, préface de Madeleine Greffard (l'Hexagone)

29. Roland Giguère, *Forêt vierge folle*, poésie, préface de Jean-Marcel Duciaume (l'Hexagone)

30. André Major, *Le cabochon*, roman (l'Hexagone)

31. Collectif (Union des écrivains québécois), *Montréal des écrivains*, fiction, présentation de Louise Dupré, Bruno Roy, France Théoret (l'Hexagone)

32. Gilles Marcotte, *Le roman à l'imparfait*, essais (l'Hexagone)

33. Berthelot Brunet, *Les hypocrites*, roman, préface de Gilles Marcotte (Les Herbes Rouges)

34. Jean Basile, *Le Grand Khân*, roman, préface de Carole Massé (l'Hexagone)

Cet ouvrage composé en Times corps 12
a été achevé d'imprimer
aux Ateliers graphiques Marc Veilleux
à Cap-Saint-Ignace en avril 1989
pour le compte des
Éditions de l'Hexagone

Imprimé au Québec (Canada)